O NASCER DA LUZ NA ESCURIDÃO

Letra Espírita

Geane Oliveira Lanes

pelo Espírito Agnel

O NASCER DA LUZ NA ESCURIDÃO

Campos dos Goytacazes-RJ • 2023

1ª edição – Maio/2023

A editora Letra Espírita apoia projetos diversos em prol da divulgação do Espiritismo.

CAPA: Gabriela Dias

IMAGENS DA CAPA: Arthur Savary / Lukas Lehotsky / Charles Deluvio / Jon Butterworth | Unsplash.com

DIAGRAMAÇÃO: Victor Benatti (@vbenatti)

REVISÃO: Yasmin Lima

COORDENAÇÃO EDITORIAL: Murilo Viana

TÍTULOS: Arodora Pro [Serdar Öztürk]

TEXTO: Book Antiqua [Monotype Corporation]

Contato e pedidos:
vendas@letraespirita.com.br
(22) 2738-0184 | (22) 99820-3332

Dados Internacionais de Catalogação na Publicação (CIP)
(Câmara Brasileira do Livro, SP, Brasil)

Agnel (Espírito)
O nascer da luz na escuridão / romance pelo espírito Agnel ; [psicografia de] Geane Oliveira Lanes. -- 1. ed. -- Campos dos Goytacazes, RJ : Letra Espírita, 2023.

ISBN 978-65-88535-50-9

1. Espiritismo 2. Psicografia 3. Reencarnação - Espiritismo 4. Romance espírita I. Lanes, Geane Oliveira. II. Título.

23-144712 CDD-133.93

Índices para catálogo sistemático:

1. Romance espírita psicografado 133.93

Henrique Ribeiro Soares - Bibliotecário - CRB-8/9314

"A mente humana abriga uma infinidade de sentimentos, pensamentos, anseios e expectativas, os quais, muitas vezes, são incapazes de serem compreendidos. Nem sempre aqueles que fogem aos padrões de comportamento considerados corretos e aceitáveis pela sociedade o fazem por rebeldia, tampouco por inadequação. Nós somos muito mais que um conjunto de engrenagens que devem agir de forma previsível e programada, somos humanos dotados de sentimentos e desejos que ainda precisamos compreender e lapidar, mas, para isso, precisamos também da compreensão e do amor daqueles que estão ao nosso redor."

Agnel

"De duas nações que tenham chegado ao ápice da escala social, somente pode considerar-se a mais civilizada, na legítima acepção do termo, aquela em que exista menos egoísmo, menos cobiça e menos orgulho; em que os hábitos sejam mais intelectuais e morais do que materiais; em que a inteligência possa desenvolver-se com maior liberdade; em que haja mais bondade, boa-fé, benevolência e generosidade recíprocas; em que menos enraizados se mostrem os preconceitos de casta e de nascimento, por isso que tais preconceitos são incompatíveis com o verdadeiro amor do próximo; em que as leis nenhum privilégio consagrem e sejam as mesmas, assim para o último, como para o primeiro; em que com menos parcialidade se exerça a justiça; em que o fraco encontre sempre amparo contra o forte; em que a vida do homem, suas crenças e opiniões sejam melhormente respeitadas; em que exista menor número de desgraçados; enfim, em que todo homem de boa vontade esteja certo de lhe não faltar o necessário."

Allan Kardec (O *Livro dos Espíritos*)

Agradecimentos

Agradeço a Deus por mais esta oportunidade preciosa de aprendizado, ao meu Mentor Mário e a toda a minha equipe de proteção que, juntamente com o caríssimo amigo Agnel, trabalharam ao meu lado com muita paciência e carinho. Também agradeço a todos os meus amigos e familiares que sempre estiveram ao meu lado. Agradeço em especial à minha irmã Giovana Oliveira Lanes e à minha grande amiga Adriana Machado por me auxiliarem com muito carinho e dedicação neste trabalho recompensador de levar ao próximo os ensinamentos que a história de vida de nossos irmãos pode oferecer.

Geane Lanes

Sumário

Agradecimentos 7

01. Sob a luz do amanhecer 11

02. Nuvens encobrindo o sol 17

03. Trovões e relâmpagos 23

04. O cair tempestade 31

05. O crescer da tormenta 37

06. Aprendendo a sobreviver na escuridão 43

07. Um fio de luz na escuridão 53

08. Tentando manter a chama acesa 63

09. Sob ameaçada escuridão 73

10. Na escuridão do lar 79

11. Caminhando no escuro 85

12. A chama que não se apaga ... 95
13. Iluminando caminhos ... 103
14. A luz de um novo lar ... 109
15. A luz do trabalho ... 115
16. Refletindo a Luz ... 123
17. Sob a luz do passado ... 147
18. Iluminando o presente ... 157
19. Há Luz em todas moradas do Pai ... 163
20. Onde há fé,há luz ... 173
21. Sob a luz de novas oportunidades ... 181
22. A luz de uma nova vida ... 191
Epílogo – Unindo forças iluminamos o mundo ... 201

01

Sob a luz do amanhecer

NO INÍCIO DA década de 40, o inverno era intenso e o sol havia acabado de nascer por detrás das montanhas fazendo com que a serração cobrisse as pastagens no interior do sul de Minas Gerais.

Pedro, que tinha apenas sete anos, abriu os olhos e, ainda sonolento, sentou-se na cama. A brisa gelada que entrava pelas frestas da janela o fez tremer de frio e ele voltou a se deitar no intuito de dormir um pouco mais, o que foi impossível com a entrada da sua irmã gêmea em seu quarto.

– Pedroooo!!! – gritou a pequena Vilma ao pular sobre a cama do irmão. – Venha! Tem pão fresquinho! Não sente o cheiro?

– Está muito frio! – resmungou o menino, cobrindo-se totalmente com a grossa coberta de lã.

– Vemmmm!!! – ela insistiu enquanto puxava a coberta e expunha o frágil corpo do irmão ao frio. – Papai acabou de chegar e quer tomar o café da manhã conosco, ele está chamando.

Aterrorizado, ele olhou para a irmã e, mordendo os lábios, pensou: "Achei que ele só retornaria de viagem na próxima semana. Espero que não esteja de mau humor".

- Vai ficar tudo bem, ele está de bom humor e eu estarei com você - respondeu a menina ao perceber o medo nos olhos do irmão. Apesar de não lerem os pensamentos um do outro, como muitos acreditam que gêmeos são capazes de fazer, Vilma e Pedro tinham uma conexão muito grande e, de forma certeira, eram capazes de interpretar as expressões corporais um do outro com facilidade.

- Vai na frente, eu vou me trocar primeiro - pediu o menino apreensivo, ao mesmo tempo que se levantava da cama.

- Não! Acho melhor descermos juntos. Eu espero do lado de fora do quarto enquanto você se troca.

* * *

PEDRO ERA UM garoto tímido e calado. Pele branca, cabelos e olhos castanhos e um corpo muito magro, quase esquelético. Júnia, sua mãe, insistia para que ele se alimentasse melhor, pois, segundo ela, não fazia sentido um menino tão bem-criado aparentar estar passando fome. Ele, no entanto, parecia nunca ter apetite e se recusava a comer, sendo que a única coisa que realmente o fazia limpar o prato era a presença de seu pai, do qual tinha muito medo.

Joaquim era o fazendeiro mais bem-sucedido da região e pelo qual todos tinham muito apreço. Em casa, contudo, ele tratava seus filhos e sua esposa "com rédeas curtas". Impaciente e grosseiro, sempre deixou claro que em sua casa havia regras e "ai daquele" que as infringissem. Embora tratasse todos da família com muita rigidez, Pedro era o que mais sofria, já que, segundo Joaquim, o filho era delicado e gentil demais, fazendo-o parecer mais feminino que a própria irmã.

Apesar de ter feições semelhantes às do irmão, a personalidade de Vilma era totalmente inversa. Espevitada e alegre, ela "falava pelos cotovelos" e sempre protegia o irmão de qualquer um que ousasse querer machucá-lo, exceto o pai, do qual também tinha medo. "Sem papas na língua", Joaquim falava tudo o que pensava e isso era motivo de diversas brigas entre o casal, visto que ele culpava a esposa pelo mau comportamento dos filhos.

Júnia era muito jovem quando se casou com Joaquim, tinha apenas dezesseis anos, e engravidou dos gêmeos cerca de um ano depois. Seu casamento foi arranjado por seus pais como forma de pagamento de uma dívida que haviam contraído com Joaquim, o qual era treze anos mais velho que ela. Submissa e recatada, ela sofria calada com os constantes abusos físicos e emocionais promovidos pelo marido. Porém o que mais lhe doía era ver como ele tratava seus amados filhos, principalmente, Pedro.

* * *

APÓS TROCAR DE roupa, o menino seguiu para a sala de jantar de mãos dadas com sua irmã. Chegando ao último degrau das escadas, ele parou e, amedrontado, observou seu pai sentado à mesa enquanto sua mãe servia o café. Vilma puxou seu braço para que prosseguissem, mas Pedro manteve seus pezinhos travados no chão como se estivesse congelado.

- O que estão fazendo aí parados "feito um dois de paus"? - resmungou Joaquim de forma ríspida.

- Vem, Pedro, está tudo bem! - sussurrou Vilma, puxando o irmão pelo braço.

Em silêncio, ele seguiu a irmã e ambos se aproximaram do pai.

- Sua benção, meu pai - disse a menina ao beijar sua mão.

- Deus a abençoe - respondeu o homem de forma fria, em seguida, estendendo a mão em direção ao filho para que também lhe pedisse a benção.

Assustado com o movimento brusco de seu pai, o garoto se encolheu e, em ato instintivo, cobriu o rosto com as mãos. A cena era chocante e os olhos de Júnia se encheram de lágrimas quase instantaneamente. O menino estava tão acostumado com a violência do pai, que, a qualquer movimento de sua parte, acreditava que iria apanhar.

Em silêncio e com uma fisionomia de indiferença, Joaquim continuou com a mão estendida. Temendo que o pai ficasse irritado com a situação, Vilma deu um tapinha de leve no ombro do irmão e acenou com a cabeça pedindo que ele fizesse o que devia.

- Sua benção, me... meu pai - gaguejou o menino antes de beijar sua mão.

- Deus o abençoe - respondeu secamente sem olhar para o filho virando-se em direção à mesa e voltando a tomar o seu café.

Cabisbaixos, os irmãos caminharam até a mãe e também lhe pediram a benção, todavia, nesse caso, ambos receberam um beijinho na testa como resposta.

Após os filhos se sentarem à mesa, Júnia cortou os pães que havia acabado de tirar do forno à lenha e serviu duas fatias generosas para cada um deles.

- Coloque mais duas fatias de pão para o Pedro - disse o pai sério. - Esse menino está tão magro que é capaz do vento derrubá-lo.

O menino fitou a mãe com os olhos marejados e, mesmo contrariado, assentiu com a cabeça. Quando percebeu que o irmão já estava com dificuldade em comer a terceira fatia do pão, Vilma bateu em sua perna por baixo da mesa e estendeu a mão. Compreendendo a atitude da irmã, discretamente, ele escondeu a quarta fatia de pão e a passou para ela, que a comeu rapidamente.

Após o café, Joaquim saiu de casa dizendo que tinha alguns assuntos para tratar com o capataz da fazenda. Mais tranquila com a saída do marido, Júnia pediu para que as crianças fossem brincar no quarto e foi ajudar a única empregada que tinham, Niceia, a estender as roupas no varal.

No quarto, Pedro pegou um de seus livros e deitou na cama para ler enquanto Vilma deitou ao seu lado carregando consigo suas duas bonecas preferidas.

- Não quer brincar comigo? - questionou a menina sorrindo.

- Brincar de boneca? Nem pensar! - exclamou amedrontado. - Se papai me pega brincando de boneca com você mamãe vai ter que me colocar de molho na salmoura[1].

- Por que será que ele é tão malvado com a gente e com a mamãe? - indagou irritada.

Entristecido, ele abaixou a cabeça e, segurando as lágrimas, respondeu:

- Não sei. Às vezes acho que ele não gosta de nós.

---

1 A salmoura é uma solução de água saturada de sal que, muitas vezes, era usada nos ferimentos para evitar a infecção e reduzir o inchaço, mas que, ao mesmo tempo, causava muito ardor.

02

Nuvens encobrindo o sol

ERA INÍCIO DO outono, os sinos da pequena igreja que ficava nas proximidades da fazenda badalavam anunciando que já eram seis da manhã. Júnia e as crianças, agora com quatorze anos, terminavam de se aprontar para a missa de domingo quando Joaquim chegou em casa. Ele havia saído na tarde do dia anterior para receber e fazer alguns pagamentos no centro da cidade e, mesmo ficando a uma curta distância da fazenda, passou a noite por lá.

Como era uma cidade pequena, do interior, nada passava despercebido e já havia chegado aos ouvidos de Júnia que Joaquim aproveitava essas saídas para farrear e sair com outras mulheres. Embora se sentisse humilhada com as traições do marido, ela não tinha coragem de confrontá-lo e fingia não saber de nada.

Mesmo esse sendo um comportamento usual de Joaquim, naquela ocasião ele havia bebido além do costume e chegou em casa totalmente alcoolizado. Ao adentrar a sala e ver seu marido cambaleando ao passar pela porta, Júnia subiu as escadas, correu até o quarto de Pedro e, sem maiores explicações, pegou-o pelo braço e o arrastou até o quarto da irmã.

- Vocês dois ficarão aqui - sussurrou Júnia tremendo de medo, ao mesmo tempo em que empurrava o filho para dentro do quarto. - Tranquem a porta e não saiam por nada.

- O que aconteceu? - perguntou o menino assustado.

- Vocês me entenderam? - gritou a mãe de forma enérgica. -Independentemente do que ouvirem, não abram a porta!

- Sim, senhora - responderam os gêmeos em uníssono.

Após a saída da mãe, Vilma correu até a porta e a trancou. Apavorada, ela se virou para o irmão e, com lágrimas nos olhos, disse:

- Tudo isso é por causa do papai. Eu vi pela janela quando ele entrou em casa trocando as pernas de tão bêbado.

- Mas, e a mamãe? Não podemos deixá-la lá embaixo com ele - constatou choroso.

- Eu sei, mas o que podemos fazer? - questionou a menina enxugando as lágrimas e tentando se manter forte diante do desespero do irmão.

Angustiados, os irmãos se sentaram encolhidos no canto do quarto e, abraçados, começaram a rezar, pedindo a Deus que protegesse a sua mãe.

Na sala, Joaquim se sentou no sofá e começou a gritar pela esposa. Ela, por sua vez, respirou fundo e desceu as escadas pedindo a Deus que protegesse os filhos. Ao ver o marido, ela tentou esconder o pânico que sentia e, com um sorriso forçado, disse:

- Bom dia, Joaquim! Está com fome? Fiz um bolo de fubá e o café ainda está quentinho.

- Sente-se aqui - balbuciou o marido batendo a palma da mão sobre a perna.

Vagarosamente, ela caminhou até o marido e se sentou em seu colo. Os cheiros de álcool e de perfume de mulher que emanavam dele a fizeram sentir repulsa, contudo, ela engoliu o choro e se manteve em silêncio.

– Por que está tão bonita a essa hora da manhã? – ele perguntou desconfiado, enquanto passava uma das mãos pelo corpo da esposa.

– Hoje é domingo, as crianças e eu estávamos nos arrumando para ir à missa – respondeu cabisbaixa.

– Missa!? E por que precisa ficar tão bonita para ir à igreja? Pretende encontrar alguém por lá? Hein?! – ele gritou irritado, puxando a parte superior do vestido da esposa com tanta força que quase o rasgou ao meio.

Assustada, ela tentou se levantar, porém o marido agarrou seus longos cabelos castanhos, que estavam amarrados em rabo de cavalo, e voltou a gritar:

– Aonde você pensa que vai?

– Por favor, Joaquim! Eu não fiz nada. Por favor, não me machuque – implorou Júnia em lágrimas ao ser agarrada por trás pelo marido.

No quarto, as crianças cobriram os ouvidos com as mãos na tentativa inútil de abafar os gritos da mãe implorando para que o marido não a machucasse. Após vários minutos de gritaria e lamentos, o silêncio tomou conta da casa e Pedro, chorando muito, tirou as mãos dos ouvidos e indagou:

– O que será que aconteceu? O que devemos fazer?

– Faremos o que a mamãe mandou, ficaremos aqui – afirmou a irmã entre lágrimas e soluços.

Muito machucada pela agressão física e sexual que sofreu do marido, Júnia chorava baixinho encolhida no canto do sofá, enquanto Joaquim se levantou e caminhou até a cozinha. Após pegar uma garrafa de aguardente sobre o armário, ele viu Niceia escondida atrás da porta. Tremendo de medo e acreditando que também apanharia, a senhora de cinquenta anos começou a rezar.

– Pare com essa oração inútil e vá ajudar a sua patroa! – esbravejou o homem antes de dar um gole na bebida e voltar para a sala. – Onde estão os meus filhos? – gritou para a esposa.

Apavorada, Júnia se levantou bruscamente e, colocando-se à frente do marido, protestou:

- Deixe-os, eles não têm culpa de nada.

- Está querendo outra surra? Como ousa falar comigo desse jeito? - questionou com rispidez, agarrando a esposa seminua pelos braços. - A culpa é sua! Por sua culpa nossos filhos são um fracasso. Insolente do jeito que é, Vilma nunca arrumará um marido. Já o Pedro, tenho certeza de que você o transformou em um afeminado.

- Não fale assim dos nossos filhos, eles são apenas crianças - implorou chorosa.

- Vai me dizer que nunca percebeu que seu filho age como uma menina? - indagou indignado. - Ele é uma mulherzinha!

- E se ele for? Ele ainda será o nosso filho - gritou de forma impensada.

Enfurecido, ele jogou a esposa contra o chão e começou a subir os degraus da escada no intuito de ir atrás das crianças. Entretanto, foi surpreendido por seu irmão mais novo, Bernardo, que entrou pela porta da sala e, ao avistar a jovem cunhada caída no chão, gritou:

- Pare, Joaquim! Você está ficando louco?

Bernardo era dois anos mais jovem que Joaquim e, embora também fosse herdeiro das terras que foram deixadas por seu pai, nunca fez questão de assumir sua parte na fazenda e deixava os negócios nas mãos do irmão. Ele havia se casado há cerca de três anos com uma bela e educada moça e se mudado para a área central da cidade, porém ela acabou falecendo de câncer dois anos após a união, o que fez com que ele decidisse voltar a morar na fazenda da família.

- Foi aquela vaca da Niceia que correu para chamá-lo, não foi? - gritou Joaquim irado.

- Ninguém precisou me chamar, pois ouvi seus gritos de longe - mentiu o irmão tentando proteger o capataz que o havia alertado sobre a briga. - Venha, você está precisando de um banho gelado - ordenou Bernardo, agarrando o irmão pelo braço e carregando-o para fora de casa.

Assustada, Niceia, que ainda observava tudo da cozinha, correu até a patroa e a ajudou a subir as escadas. Antes de chegar ao seu quarto, Júnia parou em frente ao quarto de Vilma, deu duas batidinhas à porta e disse:

- Mantenham a porta trancada, eu aviso quando for seguro para vocês saírem.

Dentro do quarto, as crianças choravam e rezavam abraçadas.

Tentando evitar que o irmão fizesse uma loucura ainda maior, Bernardo o arrastou até sua casa, onde o obrigou a tomar um banho. A casa era bem menor e mais simples que a de Joaquim e, anos antes, havia servido de moradia para seus avós paternos. Como também pretendia ir à missa de domingo, mais cedo ele havia preparado um banho para si e aproveitou que a banheira estava cheia para tentar curar a bebedeira de seu irmão.

Mesmo contrariado, Joaquim tirou a roupa e entrou na banheira, permitindo que o irmão jogasse a água gelada sobre sua cabeça usando um caneco, enquanto lhe dava um rígido sermão. Apesar de mais velho, o severo fazendeiro sempre amou e respeitou muito o irmão, vendo-o quase como um pai.

Após esfriar a cabeça, Joaquim se rendeu ao cansaço, fruto dos efeitos do álcool e de uma noite não dormida, e caiu no sono no sofá da sala do irmão. Enquanto isso, Bernardo foi averiguar como Júnia e as crianças estavam.

Silenciosamente, o cunhado entrou na casa e subiu as escadas. Não vendo ninguém por perto, espiou através da fresta deixada pela porta entreaberta do quarto de Júnia, a qual, totalmente nua, estava sentada na cama chorando baixinho.

Confuso, Bernardo sentiu um misto de desejo e compaixão, pois ao observar atentamente cada curva do belíssimo corpo da jovem cunhada, ficou estarrecido ao perceber marcas e hematomas por toda a sua extensão, muitos dos quais não haviam sido resultado do incidente daquele dia e evidenciavam surras anteriores. Tentando controlar seus pensamentos, que lhe diziam para aproveitar aquele momento e fugir com a cunhada e os sobrinhos, ele continuou em silêncio e deu duas leves batidas na porta. Assustada, Júnia se levantou bruscamente e, enrolando-se em um lençol, foi até a porta.

- Graças a Deus é você, Bernardo - disse a cunhada com a voz ainda embargada pelo choro. - Como ele está?

Temendo que seus olhos denunciassem os seus desejos mais íntimos, ele abaixou o olhar e respondeu:

- Após um banho gelado, ele caiu no sono. Deve dormir por toda a manhã.

- Mas, e quando ele acordar? - questionou angustiada. - Não me importo com o que ele faz comigo, só temo pela segurança dos meus filhos, principalmente, a de Pedro.

Levantando o olhar e fitando a linda face da jovem marcada com hematomas e pequenos cortes, ele engoliu seco e disse:

- Essa casa também é minha. Mudarei para o meu antigo quarto ainda hoje. Ele ainda está vazio, não está?

- Sim, seu irmão o mantém trancado e não nos deixou tirar nada de lá.

- Então está decidido, trarei minhas coisas mais tarde. Comigo aqui, acredito que Joaquim não terá coragem de machucar vocês.

Emocionada e aliviada com a notícia, ela abraçou o cunhado com carinho, o que o fez tremer intensamente. "Meu Deus! Livre-me desses desejos, ela é esposa de meu irmão" - pensou angustiado.

Sem ter ideia dos desejos do irmão por sua esposa e dos motivos de sua mudança, Joaquim ficou feliz com o retorno de Bernardo à casa onde cresceram.

Com o passar do tempo, as coisas pareciam estar caminhando de forma mais serena, pois a presença do irmão realmente obrigou Joaquim a reduzir seus surtos de raiva e as agressões físicas pareciam ter cessado. Por outro lado, as agressões emocionais ainda eram constantes e Joaquim ficava cada vez mais indignado com o comportamento do filho, sempre culpando a esposa por isso.

03 Trovões e relâmpagos

ESGUIO E SEMPRE bem vestido, Pedro, agora com dezessete anos, era um rapaz muito bonito e chamava a atenção das moças das redondezas, as quais nunca despertaram o seu interesse. Religioso, tímido e dono de uma gentileza incomum para os homens daquela região e época, ele tentava, a todo custo, atender às expectativas do pai, mas tinha dificuldade em fingir ser quem não era. Trabalhando com o capataz da fazenda, ele lidava diretamente com os empregados, supervisionando a ordenha das vacas e o transporte do leite. Em duas ou três ocasiões, chegou a se flagrar admirando um dos jovens empregados da fazenda, mas se conteve e tentou, ao máximo, esconder de todos a sua orientação sexual.

No início de uma determinada noite, Pedro apeava do cavalo em frente à sua casa quando foi surpreendido por seu pai, que descia as escadas da varanda de forma apressada.

– Retome a montaria, vamos sair – ordenou Joaquim de forma ríspida.

- Para onde vamos? - o rapaz indagou preocupado.

- Não lhe interessa, apenas me siga - respondeu secamente, pouco antes de montar seu cavalo e seguir em direção à estrada.

Mesmo receoso, Pedro voltou a montar seu cavalo e seguiu o pai pelas estradas de chão batido da fazenda. O céu totalmente encoberto por nuvens pesadas não permitia que a luz da lua ou de qualquer estrela fosse vista e, por vários minutos, cavalgaram na total escuridão.

Ao chegarem a uma bifurcação da estrada, Joaquim virou para a esquerda, o que causou estranheza em Pedro.

- O centro da cidade fica à direita.

- Acha que estou caducando? Eu sei onde fica o centro da cidade, contudo não é para lá que vamos. Cale a boca e continue a me seguir - ordenou sem olhar para trás.

Após cerca de meia hora de cavalgada, Pedro percebeu uma grande construção à direita da estrada. A luz de dois postes de ferro fundido em estilo colonial iluminava o sobrado que, embora estivesse em péssimas condições de conservação, ainda mostrava indícios de ter sido um belo casarão no passado.

Seguindo seu pai, ele apeou do cavalo e o amarrou em uma árvore próxima ao cocho com água. Confuso e curioso sobre que lugar era aquele e o que estavam fazendo ali, questionou:

- Como essa casa tem luz elétrica aqui no meio do nada?

- Geradores alimentam a casa. Agora venha, vamos entrar - ordenou de forma seca, dirigindo-se para a porta.

- Que lugar é esse? - indagou apreensivo.

- Se precisa perguntar, é porque já passou da hora de conhecer o estabelecimento - respondeu com sarcasmo. - Agora cale a boca e me acompanhe.

Mesmo reticente, Pedro seguiu o pai e entrou na enorme casa. Chegando à sala principal, ele não conseguiu esconder a vergonha e o incômodo que sentiu ao ver várias mulheres seminuas transitando entre os homens que, sentados em poltronas, bebiam e conversavam. A fumaça dos charutos, cachimbos e cigarros se misturava ao cheiro de álcool e perfume feminino, tornando o ar saturado e, para Pedro, quase irrespirável.

Marta, uma senhora com cerca de quarenta anos em um longo vestido vermelho, aproximou-se dos dois e, sorridente, inquiriu:

- Então, esse é o Pedro?

- Sim. E onde está a menina? - Joaquim interrogou com um ar malicioso.

- Na suíte principal. Ela espera pelo garoto.

Virando-se para o filho, ele segurou seu braço com força e falou de forma rude:

- Suba as escadas e siga até a porta no fim do corredor.

- Pai, já percebi em que tipo de lugar estamos e não sei se isso é uma boa ideia.

Sem dizer uma só palavra, Joaquim fitou os olhos do filho com um ódio tão intenso que fez o rapaz tremer. Amedrontado, o jovem decidiu não discutir com o pai e, cabisbaixo, subiu as escadas e caminhou até a suíte.

Percebendo que a porta estava entreaberta, ele a empurrou e entrou em um suntuoso quarto decorado com móveis antigos, porém bem preservados. No centro do cômodo, havia uma grande cama de madeira maciça, na qual uma jovem de cabelos loiros e compridos o esperava sentada. O rosto maquiado e o provocante vestido rosa não conseguiam esconder os traços quase infantis da linda menina que, sorrindo, apresentou-se:

- Chamo-me Elisa. O seu nome é Pedro, não é?

- Si... Sim - gaguejou nervoso.

Jogando os cabelos para trás dos ombros, a jovem se levantou e caminhou até o rapaz.

- Não se preocupe, vou cuidar bem de você - disse a menina, ao mesmo tempo que desabotoava a camisa do rapaz.

- Quantos anos você tem?

- E isso importa?

- Quantos anos você tem? - repetiu angustiado.

- Dezesseis anos - mentiu a jovem que, na verdade, tinha apenas acabado de fazer quinze anos. - Por quê? Não gostou de mim? Não me achou bonita? - indagou a jovem enquanto enfiava as mãos por dentro camisa aberta de Pedro e acariciava o seu peito.

- Não é isso, você é linda - justificou-se ao se afastar delicadamente da moça.

- Então, qual é o meu problema? - inquiriu indignada.

Envergonhado com a situação, ele abotoou a camisa e se sentou em um canapé acolchoado que havia perto da porta.

- O problema não é com você, é comigo.

Percebendo a angústia do rapaz, ela se sentou ao seu lado e, carinhosamente, disse:

- Como assim? Você tem alguma doença ou deformidade? Não se preocupe, eu não me importo.

- Provavelmente meu pai diria que sou um doente, mas não acredito que seja esse o caso.

Desconfiada com a atitude do rapaz, Elisa lançou a ele um olhar preconceituoso e questionou:

- Você não gosta de mulheres?!

Sem responder, Pedro abaixou a cabeça e cobriu o rosto com as mãos, tentando esconder algumas lágrimas teimosas que brotavam de seus olhos. Com um semblante de desprezo, a jovem se levantou e foi até a mesa de cabeceira, na qual pegou uma garrafa de licor e encheu os dois copos que estavam ao lado.

- Tome, talvez isso lhe dê coragem - disse ela, enquanto estendia a mão com o copo em direção ao rapaz.

Enxugando as lágrimas com a manga de sua camisa, Pedro levantou a cabeça e sussurrou:

- Eu não bebo.

- Sério?! Não gosta de mulheres e não bebe?! - indagou com desdenho.

- Por favor, fale mais baixo - implorou em pânico. - Se meu pai descobrir, ele me mata.

– Tudo bem! – sussurrou a jovem rindo. – Posso lhe fazer uma pergunta?

– Sim.

– Você já esteve com alguém? Homem ou mulher?

Encabulado, ele balançou a cabeça para os lados, em um sinal de negação.

– Tem certeza de que não quer tentar? Talvez acabe gostando – falou com um ar malicioso, pouco antes de beber os dois copos de licor.

– Desculpe-me, mas eu não posso.

Ao observar o medo no olhar do rapaz, Elisa se recordou que ele era filho de Joaquim, homem com o qual ela já havia estado várias vezes e por quem nutria intensa repulsa. Também se lembrou de como se sentiu quando foi vendida por seus pais à Marta e obrigada a se prostituir. Assim, mesmo não conseguindo aceitar a suposta homossexualidade de Pedro, ela decidiu ajudá-lo.

– Levante-se! – ordenou a jovem.

– O quê?

– Se quer que seu pai acredite que estamos fazendo algo, além de apenas conversar, precisa me obedecer.

Confuso, ele levantou e se aproximou da jovem, que puxou sua camisa para fora das calças, bagunçou um pouco o seu cabelo e beijou o seu pescoço, deixando uma mancha de batom vermelho em sua pele extremamente branca e no colarinho de sua camisa.

– Pronto, agora esperamos alguns minutos e você sai. O que contará para o seu pai, deixo a cargo de sua imaginação – disse ela rindo.

– Obrigado! – agradeceu envergonhado.

Após cerca de quinze minutos, Pedro saiu do quarto e, cabisbaixo, desceu as escadas, encontrando o pai aos beijos com uma jovem de cabelos ruivos.

– Se o senhor quiser ficar, tudo bem, mas eu preciso acordar cedo amanhã – falou Pedro tentando desviar o olhar.

Desconfiado, Joaquim olhou o filho dos pés à cabeça, todavia, ao perceber a mancha de batom em seu colarinho, sorriu e disse:

– Tudo bem! Acho que estou satisfeito por hoje.

Despedindo-se da jovem ruiva com um beijo nos lábios, Joaquim se levantou e caminhou em direção à porta, sendo seguido por Pedro. Antes de montar o cavalo, ele olhou para o filho com um certo orgulho e questionou:

– E aí? Como foi? Eu escolhi Elisa a dedo, porque já provei da fruta e sei que é uma delícia.

Tentando disfarçar o incômodo que sentia por seu pai admitir descaradamente que traía sua mãe, principalmente por fazer isso com uma menina mais jovem que os próprios filhos, Pedro respirou fundo e respondeu:

– Foi tudo bem, mas não quero comentar detalhes.

– Sem problema! E fique tranquilo, pois garanto que as próximas vezes serão melhores – disse Joaquim com um sorrisinho malicioso que fez o filho ficar enojado.

Chegando em casa, Pedro pediu a benção ao pai e correu para o quarto de Vilma. Entrando bruscamente no cômodo, ele trancou a porta e, sentando-se no chão, deixou as lágrimas fluírem.

Acordada pelo barulho da porta, Vilma se levantou e, assustada, correu até o irmão, sentando-se ao seu lado.

– O que foi? Papai machucou você?

Sem conseguir responder, ele levantou o olhar e fitou a irmã com carinho, a qual percebeu a mancha de batom em seu colarinho e, confusa, indagou:

– Você estava com uma mulher? Como? Você não é...

– Sou o quê? – Pedro interrompeu a irmã.

– Meu irmão, embora nunca tenha falado abertamente comigo sobre o assunto, eu sei que você é diferente – respondeu de forma amável.

– Diferente?! Sou uma anomalia da natureza – concluiu com a voz embargada pelo choro.

Sem perceber que estava sendo intuída por Irmãos Espirituais que auxiliavam os gêmeos desde o nascimento, Vilma respirou fundo e, segurando o queixo do irmão com as pontas dos dedos, disse:

- Nunca diga isso! O fato de nosso pai e outras pessoas não compreenderem a sua forma de amar não significa que ela esteja errada. As pessoas tendem a temer aquilo que não conhecem e que ainda são incapazes de aceitar. Contudo, você tem que ser forte e saber que Deus sempre estará ao seu lado.

Comovido com aquelas palavras carinhosas, ele se deitou no colo da irmã e lamentou:

- Eu queria ser como todo mundo. Por que eu tive que nascer assim?

- Eu compreendo a sua angústia, entretanto, você precisa aceitar que, por mais que sejamos iguais diante de nosso Pai Criador, temos diferentes jornadas de vida e isso não nos faz mais ou menos merecedores da felicidade.

- Nossa! De onde tirou isso tudo? - perguntou sorrindo, apesar da tristeza.

- Não sei, acho que estou inspirada hoje. Agora me diga: de onde veio essa mancha de batom?

- Papai me levou a um bordel.

- O quê? - questionou a jovem atônita. - E você...? Você sabe!

- Não, eu não consegui. Embora papai acredite que sim.

- É melhor assim - afirmou aliviada. - Sabe, Pedrinho, se não fosse pelo medo de deixar a mamãe sozinha com o papai, eu fugiria com você.

Assustado com a declaração da irmã, ele voltou a se sentar e, confuso, indagou:

- Por que está dizendo isso?

- Mamãe disse que o papai anda falando sobre me casar com o filho de um fazendeiro amigo dele. Talvez eu até goste do rapaz com o tempo, porém tenho medo de acabar em um casamento igual ao dos nossos pais.

Em silêncio, Pedro abraçou a irmã com tanto carinho que os medos e angústias pareciam não mais existir em suas vidas.

04 O cair tempestade

NO DIA SEGUINTE, Joaquim saiu cedo de casa e foi para o centro da cidade resolver alguns assuntos relacionados à fazenda. Júnia, Bernardo e os gêmeos tomaram o café da manhã juntos e não puderam deixar de notar que, na ausência do fazendeiro, a casa parecia ser preenchida por uma paz incomum. Após o café, Pedro e o tio foram até o curral para supervisionar os empregados, enquanto Júnia e a filha auxiliavam Niceia a limpar a casa.

No início da tarde, Joaquim já havia resolvido todos os assuntos pendentes e, como ainda tinha um tempo antes de retornar para o jantar, resolveu dar uma passada no bordel. Chegando lá, ele amarrou seu cavalo em uma árvore e entrou, pedindo a uma das meninas, que tirava o pó dos móveis, para chamar Marta.

Após alguns minutos de espera, a cafetina chegou à sala principal, onde Joaquim a esperava impaciente.

– Mas já? – perguntou a mulher sorrindo. – Ainda é cedo e minhas meninas não estão prontas para atendê-lo.

– Sabe que eu não sou um homem exigente, não me importo se elas estão penteadas e maquiadas – comentou rindo com um tom de malícia.

– Aproveitando que está aqui, não quer beber algo comigo?

– Marta, minha amiga, sei que já deve ter tido seus momentos de glória, mas sabe que eu prefiro as novinhas.

Mesmo magoada com o desdém nas palavras de Joaquim, ela respirou fundo e fingiu não se incomodar.

– Não seja tolo, estou apenas o convidando para uma bebida, pois tenho um assunto sério para tratar com você.

– Se for assim, tudo bem – respondeu o fazendeiro, sentando-se em uma das poltronas.

Após encher dois copos com um *whisky* barato, Marta se sentou na mesinha de centro à frente da poltrona em que Joaquim estava acomodado e lhe entregou o copo.

– Como está o seu filho depois da noite de ontem? – indagou com um sorrisinho sarcástico no rosto.

– Não tive tempo de conversar com ele sobre os detalhes, mas fico feliz só de saber que ele finalmente se deitou com uma mulher.

– E você tem certeza disso?

– Não entendi a sua pergunta – comentou o homem com certa irritação.

– Você sabe que eu cuido muito bem das minhas meninas, não sabe? – questionou a senhora antes de virar o conteúdo do copo garganta abaixo.

– E? – perguntou desconfiado.

– Eu sempre converso com elas após os atendimentos para saber se tudo aconteceu dentro dos conformes. E, ontem, tive uma conversa muito interessante com Elisa.

– Desembucha logo! – exclamou impaciente.

Joaquim não sabia, mas Marta alimentava uma grande paixão por ele e, depois de anos sendo tratada com desprezo pelo fazendeiro, ela percebeu que esse seria o momento da vingança.

- Não aconteceu nada. Ele não teve coragem de se deitar com Elisa, pois, segundo ela, seu filho confessou que não gosta de mulheres.

Tomado por um misto de fúria por ter sido enganado e de vergonha ao imaginar que todos acabariam sabendo que seu filho era homossexual, Joaquim jogou o copo com o *whisky* contra a parede e, levantando-se bruscamente, gritou:

- Chame-a aqui! Eu quero ouvir isso diretamente dela!

Comprazendo-se da agonia de Joaquim, ela se levantou e, caminhando vagarosamente, foi até a cozinha, onde Elisa lavava a louça.

Após alguns minutos, que para Joaquim pareceram uma eternidade, Marta voltou para a sala puxando a jovem Elisa pelo braço, a qual em nada se parecia com a deslumbrante dama da noite anterior. Embora fosse muito bonita, a ausência de maquiagem, os cabelos desgrenhados e as roupas simples faziam com que todo aquele ar de sedução desaparecesse, além de apresentá-la em uma aparência muito mais jovem.

- O que está acontecendo? - indagou a jovem assustada ao ver Joaquim.

- Diga a ele o que me disse ontem - ordenou a cafetina com um sorriso no rosto.

- Eu disse que não queria que contasse para ele! - protestou angustiada.

- Não me contar o quê? - gritou Joaquim pegando a jovem pelos braços.

- Ei! - gritou a senhora de forma rude. - Lembre-se da regra: se quebrar a mercadoria, terá que pagar pelo conserto.

Assustada, Elisa contou ao fazendeiro toda a conversa que tivera com o seu filho na noite anterior. Atordoado, ele ouviu atentamente a moça e depois, sem dar qualquer tipo de satisfação, saiu furioso do bordel.

Sabendo que àquela hora Pedro ainda estaria trabalhando, Joaquim cavalgou pela fazenda à sua procura. Cerca de uma hora mais tarde, viu o cavalo de seu filho amarrado a uma árvore perto do rio e, apeando de sua montaria, começou a procurá-lo a pé.

Sem se dar conta de que estava sendo seguido por uma turba de Espíritos raivosos que estimulavam os seus pensamentos sombrios de raiva, vergonha e preconceito, o fazendeiro se aproximou da margem do rio e avistou Pedro, que havia parado para beber um pouco de água. Sem explicações, ele correu até o filho e o agarrou pelo braço, arrastando-o de volta para a estrada.

- Pai? O que está fazendo? O senhor está me machucando! - reclamou o rapaz assustado.

- Machucando?! Você não viu nada! - gritou o pai, jogando o filho contra o chão e sacando a arma que sempre ficava em sua cintura.

- O que vai fazer? Pelo amor de Deus! Pa... pai isso é loucura! - gaguejou o rapaz levantando as mãos em um instinto de proteção.

- Monte o seu cavalo e siga por onde eu mandar. Caso esteja pensando em fugir, estarei cavalgando ao seu lado com a arma em punho. E, para que fique claro, não hesitarei em atirar.

Chorando muito e sem compreender o que estava acontecendo, ele obedeceu ao pai e ambos desapareceram pela estrada.

Tarde da noite, Joaquim retornou para casa sozinho, encontrando a esposa e filha desesperadas na sala de estar.

- Joaquim, o Pedro não está com você? - perguntou Júnia em prantos. - Aconteceu alguma coisa, ele deveria ter chegado há horas, porém ninguém sabe dele. O seu irmão já andou por toda a fazenda e não conseguiu encontrá-lo.

Tentando parecer preocupado, ele abraçou a esposa com carinho e questionou:

- E onde está o Bernardo agora?

- Foi até a fazenda vizinha para descobrir se alguém viu o nosso menino, depois disse que iria continuar a procurá-lo no centro da cidade.

- Acalme-se, minha querida. Ele é jovem e deve estar por aí com alguma moça. Se ele não aparecer até amanhã de manhã, procurarei a polícia.

- Mas o meu menino não é assim, ele nunca fez isso antes.

Incrédula acerca da atitude do pai, Vilma desconfiou de que ele sabia mais do que estava dizendo. Tomada por uma grande tristeza ao imaginar o que poderia ter acontecido ao irmão, ela caiu em prantos e correu para seu quarto, onde orou até dormir.

05 O crescer da tormenta

APÓS TER SIDO surrado até perder a consciência, Pedro acordou e, ainda atordoado, percebeu que estava em um local totalmente fechado e lotado de pessoas, muitas delas chorando e implorando que alguém as tirasse dali. Pelos barulhos e solavancos, ele percebeu que estava em uma espécie de vagão de trem e, apreensivo, tentou se levantar, mas acabou caindo com o sacolejar do trem ao entrar em uma curva.

Confuso, ele tentou perguntar a algumas daquelas pessoas para onde aquele trem estava indo, contudo, não obteve respostas coerentes. Algumas daquelas pessoas pareciam estar tão perdidas e confusas quanto ele, enquanto as demais aparentavam ter algum distúrbio mental e não falavam coisa com coisa.

Apesar do corpo dolorido e coberto dos hematomas causados pela surra que havia recebido do pai na noite anterior, ele abriu caminho entre as pessoas e conseguiu chegar até uma janela gradeada, a partir da qual mal era possível enxergar o lado de fora. Assustado, manteve-se de pé ao lado da janela, pois a brisa que entrava pelas grades aliviava o odor extremamente desagradável de urina, vômito, fezes e suor que tomava conta do vagão. Com dificuldade, conseguiu ignorar as lamúrias e os gritos por alguns minutos e começou a orar, suplicando a Deus que protegesse a sua família. Apesar de temer pelo o que poderia acontecer a si próprio, sua maior preocupação era com a mãe e irmã que continuavam à mercê da insensatez de seu pai.

Durante toda a viagem de trem, Pedro tentava se manter em oração, porém, a cada estação pela qual passavam, isso se tornava mais difícil, tanto pelo fato de mais pessoas serem colocadas dentro vagão, quanto pelo que ouvia das pessoas do lado de fora: "Olha, mãe, é o trem dos loucos!"; "Pobres coitados daqueles que são colocados no trem dos loucos"; "Que Deus tenha piedade dessas pobres almas".

Na última parada do trem antes do destino final, Pedro ouviu quando alguém na plataforma anunciou que estavam em Barbacena[2] e, pelo menos agora, ele sabia em que cidade estavam.

Ao chegarem à estação Bias Fortes, entre os municípios de Barbacena e Ressaquinha, as portas do vagão foram abertas e alguns homens de uniforme branco os esperavam do lado de fora. Assustadas, algumas pessoas tentavam fugir, mas logo eram agarradas e, com muita violência, trazidas de volta. Embora os instintos de Pedro dissessem que talvez valesse a pena tentar escapar, o seu corpo machucado e a fraqueza devido às várias horas sem comer eram suficientes para que ele soubesse que não havia qualquer chance de ter sucesso.

Escoltadas por guardas, que era a forma como todos chamavam aqueles homens, todas aquelas pessoas maltrapilhas e assustadas caminhavam em fila indiana pelo chão ainda coberto pela lama resultante da chuva da noite anterior. Ao chegarem em uma espécie de portal, Pedro observou que havia uma inscri-

---

2 Barbacena é um município do estado de Minas Gerais que fica na Serra da Mantiqueira, distante 169 quilômetros da capital do estado, Belo Horizonte.

ção e tentou lê-la. Todavia, foi empurrado e derrubado por um dos guardas, ordenando que ele andasse mais rápido.

- Perdoe-me, senhor! - desculpou-se Pedro, gemendo de dor ao se levantar e apertar o passo. - Eu apenas estava tentando ler o nome deste lugar, não sei onde estamos.

- Estamos no Colônia - respondeu um jovem entristecido que caminhava à sua frente.

- Colônia? - indagou confuso.

- Hospital Colônia de Barbacena[3], o hospício.

"Hospício? Meu Deus! O que eu estou fazendo aqui? O que está acontecendo?" - pensou Pedro enquanto as lágrimas rolavam por seu rosto.

Ao chegarem ao hospital, ele foi direcionado para uma das várias filas que foram formadas. Assustado, começou a rezar, pedindo a Deus que o ajudasse a compreender o que estava acontecendo.

Chegando a sua vez, aproximou-se de um senhor emburrado que, sentado à frente de uma mesa na qual se encontrava um enorme livro de registro, questionou:

- Sabe o seu nome?

Antes que Pedro pudesse responder, um senhor bem vestido se aproximou do senhor e disse:

- Eu já esperava o rapaz, aqui estão os dados e o atestado médico dele - o homem entregou alguns papeis. - A internação foi autorizada pelo pai, que é um grande amigo meu. Como ele não pôde trazê-lo pessoalmente, pediu que eu o colocasse no trem.

---

3 O Hospital Colônia de Barbacena, originalmente chamado de Hospício de Barbacena, entrou em funcionamento em 1903 como o primeiro hospital psiquiátrico de Minas Gerais (ARBEX, Daniela. Holocausto brasileiro ed. 1. São Paulo: Geração Editorial, 2013) (PERON, Paula Regina. A trágica história do Hospital Psiquiátrico Colônia. Psic. Rev. São Paulo, vol. 22, nº 02, 2013) (GODOY, Ana Boff de. Arquivos de Barbacena, a Cidade dos Loucos: o manicômio como lugar de aprisionamento e apagamento de sujeitos e suas memórias. Revista Investigações, vol. 27, nº 02, 2014).

- Desculpe-me a intromissão - sussurrou Pedro angustiado. -, mas isso deve ser um engano. Meu pai sabe que eu não tenho problemas mentais. Ele está chateado comigo por uma discordância que tivemos, contudo, não acredito que ele tenha concordado com isso.

- Está me chamando de mentiroso?! - indagou o homem irritado. - Conheço muito bem o seu pai e, depois de tudo que ele me contou, acredito que os seus motivos sejam mais do que justos. Agora, se acredita que ele cometeu um erro, espere que se arrependa e venha tirá-lo daqui.

O homem em questão era um médico, amigo de infância de Joaquim e que tinha uma certa influência no meio político da cidade de Barbacena e no Hospital Colônia. Após dar uma surra em seu filho até levá-lo à inconsciência, Joaquim procurou o amigo e contou que havia descoberto que filho era homossexual. Temendo que todos na pequena cidade ficassem sabendo, ele pediu que o amigo falsificasse um atestado médico e mandasse o rapaz para o Hospital Colônia, do qual já havia ouvido falar. Assim, o amigo de Joaquim pediu que seus empregados colocassem Pedro no "vagão dos loucos" e embarcou no trem para acompanhá-lo e se certificar de que a internação fosse feita.

- Ande, tenho que atender os outros pacientes - disse o funcionário do hospital impaciente, olhando para Pedro e apontando para à esquerda, onde alguns homens se aglomeravam.

Muito atordoado, o jovem obedeceu e seguiu os guardas até o local onde seus cabelos foram raspados, suas roupas e sapatos foram retirados e tomou um constrangedor e gelado banho coletivo. O frio típico do outono de Barbacena não foi um problema para ele naquele momento, porque o medo do que poderia lhe acontecer naquele lugar e a vergonha por estar nu diante de tantos outros homens eram maiores que qualquer sensação física.

Para cobrir o corpo, ele recebeu apenas uma camisa e uma calça. "Meus Deus! O que será de mim neste lugar? Por favor, me ajude!" - pensou Pedro, enquanto terminava de vestir a roupa sobre o corpo ainda molhado.

- Cuide bem das suas roupas, pois eles não lhe darão outras - disse uma jovem enfermeira, interrompendo seus pensamentos. - Não sei porquê, mas gostei de você - completou a enfermeira com um olhar malicioso.

Envergonhado e confuso, Pedro permaneceu em silêncio e a enfermeira continuou:

- Tome, considere um presente - ela declarou ao lhe entregar uma pequena bolsa de tecido. - Aqui você não terá armários ou qualquer outro lugar para guardar seus cigarros ou outros itens.

- Eu não fumo - sussurrou Pedro.

- Então acho bom começar - comentou a enfermeira dando as costas para o rapaz e se dirigindo a outro paciente.

Sem entender o que a enfermeira queria dizer com aquelas palavras, ele seguiu com os demais pacientes que, guiados por um dos guardas, adentraram pelos corredores do hospital.

O Hospital Colônia de Barbacena era formado de um imenso complexo, formado por um prédio principal e vários pavilhões[4], que, dispostos de forma sequencial, formavam dois pátios internos, um de cada lado do eixo principal do complexo. Geralmente, cada pavilhão era destinado a um grupo específico de pacientes e, para isso, após todo o procedimento de registro, os novos internos eram, inicialmente, triados de acordo com o sexo. Em seguida, o grupo de homens era dividido segundo suas características físicas e mentais, separando os deficientes e idosos, daqueles que, como Pedro, visivelmente, poderiam ser utilizados para o trabalho braçal. Além disso, os internos mais agressivos, usualmente, eram isolados dos demais e destinados a um pavilhão específico.

---

4 Além dos pavilhões iniciais que formavam o Hospital Colônia de Barbacena, outros foram construídos no decorrer do crescimento do hospital, chegando a um total de dezesseis pavilhões *(Idem, Ibidem)*.

Após a saída do guarda, os internos foram para um dos pátios, mas Pedro preferiu se sentar no chão do corredor, próximo à porta, pois, além de estar sentido muito frio, o seu corpo estava muito dolorido e fraco. Como caiu em sono profundo, ele perdeu o horário da janta e, assustado, acordou quando ouviu os guardas anunciando o toque de recolher.

Levantando-se com dificuldade, ele seguiu os demais internos até os alojamentos e, atônito, percebeu que não havia camas para todos[5] e que teria que dormir sobre um punhado de palha sobre o chão frio[6]. Tentando controlar a ânsia de vômito devido ao cheiro de urina e fezes que emanava da palha que lhe servia de cama, ele se acomodou com dificuldade e, esforçando-se para ignorar a fome, o frio e os gritos de alguns pacientes, rezou, pedindo a Deus força e discernimento para passar por tudo aquilo.

---

5 A falta de camas era resultado da superlotação. Embora o Hospital Colônia de Barbacena tenha sido construído para abrigar apenas 200 pacientes, registros do início da década de 1910 já evidenciavam um quadro de superlotação, sendo que em 1960 o número de pacientes alcançou o assustador número de 5 mil indivíduos *(Ibidem, p. 39)*.

6 Inicialmente, a substituição das camas por capim (leitos de chão) foi uma medida improvisada para economizar espaço e, assim, conseguir abrigar o grande número de internos. Entretanto, em 1959, o "leito de chão" foi considerado uma forma adequada de tratar os pacientes e passou a ser recomendado pelo Poder Público para outros hospitais mineiros *(Ibidem, p. 39)*.

06 Aprendendo a sobreviver na escuridão

DURANTE A MADRUGADA, Pedro acordou assustado ao sentir um peso sobre o seu peito e percebeu que outro interno estava praticamente deitado sobre ele. Ainda fraco, ele empurrou o interno com dificuldade e se sentou. Apesar de não haver qualquer tipo de iluminação, a luz da lua cheia invadia o cômodo por amplas janelas gradeadas e permitiu que ele pudesse observar o grande número de corpos espalhados pelo chão. Eram tantos internos dividindo aquele espaço, que não conseguiria contá-los nem se quisesse.

Assustado, ele tentou voltar a dormir, porém, pensamentos angustiantes começaram a tomar conta de sua mente: "Por que será que meu pai me odeia tanto? Meu Deus! Por que eu não nasci normal como os outros garotos? Será que eu realmente sou louco"? Cansado, ele acabou caindo no sono, mas, pouco tempo depois, foi despertado pelos gritos dos guardas. Eram cinco da manhã e o sol ainda não havia nascido. Assustado, ele se levantou e um jovem rapaz o pegou pelo braço.

– Você é novo por aqui, não é? – questionou o estranho de forma amigável.

– Sou.

– Fique perto de mim, eu o ajudo.

Seguindo o rapaz, Pedro observou alguns funcionários recolhendo a palha, que antes lhe servira como cama, e levando-a para o pátio, onde ficaria exposta ao sol para secar e ser usada novamente durante a noite.

– Ainda bem que hoje não está chovendo, pois não há nada para nos proteger lá fora – disse o rapaz puxando Pedro pelo braço. – Venha, se não entrarmos na fila não comeremos nada até o horário do almoço.

No pátio, eles entraram na longa fila e Pedro finalmente teve oportunidade de conversar com seu novo amigo.

– Chamo-me Pedro. Qual é o seu nome?

– Ezequiel.

Ezequiel era um jovem de dezenove anos que, apesar dos sinais de maus-tratos, exibia uma grande beleza. Ligeiramente mais alto que Pedro, sua pele negra, olhos castanhos claros e sorriso largo compunham uma combinação perfeita, a qual muitos consideram digna de um "deus de ébano".

– Obrigado por me ajudar, estou confuso e muito assustado com esse lugar – explicou Pedro com um sorriso abatido.

– Eu entendo, passei por isso quando cheguei aqui. Na ocasião, recebi a ajuda de Cristóvão, um senhor muito simpático e prestativo. Por isso, sempre tento retribuir a ajuda que recebi, fazendo o mesmo por aqueles que chegam.

– E onde ele está?

Ezequiel abaixou a cabeça e, entristecido, sussurrou:

– Morreu no início do ano.

– Eu sinto muito! – lamentou Pedro envergonhado.

- Tudo bem. Aqui, temos que acostumar com as perdas, afinal, praticamente todo dia morre alguém[7].

Assustado com a afirmação de Ezequiel, ele tentou segurar a emoção e, respirando fundo, indagou:

- Há quanto tempo está aqui?

- Dois anos.

- Meu Deus! Isso é muito tempo!

Ezequiel repousou a mão sobre o ombro do novo amigo e, com um sorriso consternado, disse:

- Eu sinto muito em lhe dizer isso dessa forma, mas, geralmente, quem entra no Colônia só sai se for para o cemitério. Alguns estão aqui há décadas.

- E você fala isso sorrindo?

- Cansei de chorar - comentou sério. - Desculpe-me por ser insensível, esse lugar mexe com a gente.

Olhando para os altos muros que cercavam o hospital, Pedro começou a sentir uma tontura muito forte e sua visão se enturveceu completamente. Sem conseguir sustentar o peso do próprio corpo, seus joelhos se dobraram e, não fosse pelo amigo Ezequiel, teria caído com tudo no chão imundo.

- Há quanto tempo está sem comer? - indagou Ezequiel, segurando o novo amigo pelo tronco.

- Um dia e meio, eu acho - sussurrou quase sem forças.

- Nossa vez de tomar café já está chegando, mas coma isso para conseguir se manter de pé até lá - disse o rapaz tirando um pequeno pedaço de pão de seu bornal com uma das mãos. - Às vezes, quando somos tirados daqui para trabalhar, algumas boas almas da cidade nos dão algo para comer e eu sempre guardo alguma coisa para uma emergência.

---

7 Alguns registros apontam que, em períodos de maior superlotação, a média de falecimentos diários no Hospital Colônia de Barbacena era de 16 pacientes *(Ibidem, p. 39).*

– Eu não posso aceitar. Você guardou isso para quando tivesse fome – declarou comovido com a boa ação de Ezequiel.

– Não, eu disse que guardo para uma emergência. E essa é uma emergência. Por sorte, teremos a oportunidade de sair para trabalhar nas próximas semanas e, talvez, eu consiga mais.

Tremendo, Pedro pegou o pedaço de pão velho e, ignorando o mofo que já começava a crescer sobre ele, o mastigou como se aquela fosse a melhor refeição do mundo. "Eu daria tudo por uma fatia do pão fresquinho que minha mãe assava todos os dias pela manhã. Na verdade, eu comeria o pão inteiro" – pensou Pedro, enquanto algumas lágrimas de saudade e tristeza escorriam por seu rosto.

Ainda com fome e amparado pelo amigo, Pedro esperou por mais algumas horas até que pudesse tomar o seu café da manhã que era servido às oito em ponto. Como não havia comida para todos os internos, apenas aqueles que se dispusessem a esperar horas na fila, conseguiam receber um pão com manteiga e, às vezes, um copo de café frio. Faminto, ele tentou comer o pão e beber o café lentamente, saboreando cada pedaço daquele pão como se fosse um "manjar dos deuses".

Após o café, ambos retornaram para o pátio e se sentaram ao lado de outros internos em um banco de concreto junto à parede do prédio que lhe servia de dormitório à noite. Em silêncio, um dos internos tirou dois cigarros de seu bornal e ofereceu um a Pedro.

– Eu não fumo – afirmou Pedro com um sorriso sem graça.

– Neste lugar, será mais fácil arrumar cigarros do que comida – explicou o interno. – Além disso, o cigarro o ajudará nos momentos de fome e de dor.

– Não sei o quanto é verdade, mas o meu tio Bernardo sempre disse que o cigarro faz mal aos pulmões. E, lá em casa, ele foi o único que estudou até o secundário.

– Eu já ouvi falar sobre isso também, mas aqui ninguém vive tempo suficiente para morrer por causa do cigarro.

Assustado com a frieza das palavras do homem, Pedro abaixou a cabeça e segurou as lágrimas. "Eu tenho que parar de chorar por tudo. Daqui a pouco vão começar a me chamar de mulherzinha, assim como o meu pai fazia" - pensou entristecido.

Percebendo a tristeza do novo amigo, Ezequiel deu um leve tapinha no ombro do amigo e disse:

- Desculpe a insensibilidade do nosso irmão, como eu disse antes, esse lugar muda a gente. Estou aqui há apenas dois anos e já não me reconheço - explicou o rapaz sorrindo. - Entretanto, concordo com sua atitude, pois embora o cigarro ajude a mascarar a fome e o frio, ele pode debilitar sua saúde, o que, neste lugar, não é nada bom.

- Tudo bem. Se quero sobreviver neste lugar, terei que parar de ser tão sensível - respondeu Pedro ao estender a mão para aceitar o cigarro oferecido pelo outro interno.

Após uma tragada, Pedro engasgou e foi auxiliado pelo Ezequiel, que lhe deu alguns tapas nas costas.

- Tem certeza que quer fazer isso? - questionou Ezequiel preocupado.

Sem responder, Pedro deu mais uma tragada no cigarro e pensou: "Cansei de ser um fracote"! Respeitando a escolha do rapaz, Ezequiel se manteve em silêncio, enquanto observava alguns internos andando em círculo pelo pátio.

- Branquelo, lembra o que eu disse sobre esse lugar mudar a gente? - questionou Ezequiel que continuou após Pedro assentir com a cabeça. - Está vendo aquele homem com uma cicatriz no rosto?

- Sim - Pedro respondeu ao observar um homem que falava olhando para as próprias mãos.

- Nós o chamamos de Toninho. Dizem que, quando chegou aqui, ele era tão normal quanto nós dois.

- E o que aconteceu com ele? - indagou assustado.

- Neste lugar, você tem que ser forte, precisa se apegar a todas as suas crenças e lutar contra seus próprios demônios. Aqueles que não enlouquecem por causa do confinamento, fome e frio, o fazem por causa das punições.

- Punições?

- Graças ao Cristóvão, aprendi que, mesmo que queira reclamar e chorar de dor e de fome, você tem de aguentar firme, já que os guardas e as enfermeiras veem em tudo um motivo para nos punir. Fora os comprimidos que já somos obrigados a tomar, se os irritar de alguma forma, lhe darão comprimidos extras, e eu não sei o que tem neles, mas ou eles o apagam ou o deixam muito mal. Isso quando a punição não é pior.

- O que quer dizer com punição pior? - questionou Pedro ainda mais assustado.

- Nunca tente enfrentar os guardas ou as enfermeiras, pois caso o faça, eles o prenderão nas celas que ficam lá trás e lhe darão uma bela surra. Agora, caso o considerem uma ameaça real, você poderá receber choques na cabeça[8]. Algumas pessoas acabam morrendo por causa deles.

Apavorado, Pedro olhou para o amigo e, sem palavras, apenas respirou fundo. Percebendo a agonia no olhar do rapaz, Ezequiel olhou para os lados e, certificando-se de que não havia guardas ou enfermeiras por perto, sussurrou:

- Desculpe se pareço insensível ao lhe dar tantas informações dessa forma. Não estou querendo assustá-lo, apenas tentando ensi-

8 A eletroconvulsoterapia (ECT), também conhecida por eletrochoques, é um tratamento psiquiátrico no qual são provocadas alterações na atividade elétrica do cérebro induzidas por meio de passagem de corrente elétrica. Tal tratamento, ainda utilizado em alguns lugares do mundo, foi desenvolvido em 1930 e deveria ser aplicado sob anestesia geral, chegando ao Brasil no início da década de 1940 (CRUZ, João Paulo Pinto. Máquina para curar louco: o eletrochoque no hospital-colônia em aracaju (1942-1943). Psychiatry on line Brasil, vol. 26, nº 03, 2021). No Hospital Colônia de Barbacena, no entanto, isso era feito sem anestesia e, geralmente, sem a presença de um médico ou enfermeiro treinado e usando voltagens aleatórias (ARBEX, Daniela. Holocausto brasileiro ed. 1. São Paulo: Geração Editorial, 2013).

nar como devemos agir para sobreviver neste lugar. Apesar de branquelo, gostei de você e não quero que lhe aconteça nada de ruim.

- Você já sofreu algumas dessas punições?

- Eu fico na minha e tento não chamar atenção. Mas já tive que tomar os comprimidos extras e, uma vez, fui submetido ao tal tratamento de choque sem um motivo aparente. Disseram que era parte da minha recuperação. Não tenho muitas lembranças do que aconteceu, contudo, lembro-me de acordar no chão, com muita dor de cabeça e sujo, pois tinha me borrado todo - comentou com um sorriso pesaroso. - Entretanto, não sei o que é pior, tomar o choque ou ter que presenciar outros internos passando por isso.

- E por que ninguém faz nada? As famílias dos pacientes e pessoas da cidade não sabem o que acontece aqui? - indagou Pedro indignado.

- Lógico que sabem. Todavia, quem somos nós para eles? Eles não se importam conosco. Para este lugar são mandados apenas aqueles que todos consideram como a escória da sociedade. Olhe ao redor e me diga: o que vê?

Após olhar para os vários pacientes esquálidos, nus e maltratados, ele suspirou e, com ar de inocência, respondeu:

- Pessoas.

- Você realmente deve ser uma pessoa de coração muito bom - constatou Ezequiel sorrindo. - Olhe de novo e perceberá que você é um dos poucos brancos deste lugar. Eu estou aqui há pouco tempo, porém Cristóvão estava há décadas e uma coisa que ele me disse e que já pude constatar é que a maioria daqueles que chegam aqui não têm problemas mentais[9], são apenas pes-

9 Registros atuais mostram que, durante as oito décadas de funcionamento, cerca de 70% dos internos do Hospital Colônia de Barbacena não apresentavam distúrbios mentais (ARBEX, Daniela. Holocausto brasileiro ed. 1. São Paulo: Geração Editorial, 2013) (GODOY, Ana Boff de. Arquivos de Barbacena, a Cidade dos Loucos: o manicômio como lugar de aprisionamento e apagamento de sujeitos e suas memórias. Revista Investigações, vol. 27, nº 02, 2014).

soas que precisam ser extirpadas do convívio social: mendigos, negros, gays, alcoólatras, usuários de drogas, militantes, prostitutas, mulheres que engravidaram fora do casamento ou apenas um infeliz que irritou alguém importante.

Percebendo o olhar angustiado do amigo, Ezequiel continuou:

- Não estou dizendo que aqueles que realmente têm problemas mentais mereçam estar aqui, muito pelo contrário, acredito que a forma como os tratam só piora o estado mental desses pobres coitados.

- Talvez eles tenham mais sorte que nós, pois, alienados, não conseguem perceber a injustiça e a crueldade a que são submetidos.

- Será que não percebem ou apenas não conseguem expressar o que realmente sentem e pensam?

Refletindo a respeito do comentário do amigo, Pedro abaixou a cabeça por alguns segundos e, buscando afastar a agonia que sentia, tentou mudar o rumo da conversa.

- Posso lhe fazer uma pergunta? - questionou Pedro, que continuou após o amigo assentir com a cabeça. - Você tem uma forma de falar diferente, faz lembrar muito o meu tio. O quanto você estudou?

- Não muito, nem terminei o primário. Entretanto, meu padrinho me fazia ler muitos livros e aprendi algumas coisas com eles.

Irritado com uma coceira intensa nas pernas, Pedro levantou a barra da calça e, surpreso, observou algumas pequenas feridas em sua pele.

- Meu Deus! O que é isso?

- Infelizmente terá que se acostumar com isso, pois aquela palha sobre a qual dormimos, geralmente, é infestada de formigas e pulgas - disse o rapaz levantando a camisa e mostrando várias marcas em seu corpo, algumas antigas e outras recentes.

Apesar dos muitos internos que haviam perdido a única muda de roupa que tinham andarem nus pelo pátio, Pedro ficou extremamente desconcertado ao observar o torso nu de seu amigo e desviou o olhar, voltando a coçar as pequenas feridas de suas pernas.

Percebendo a reação de Pedro, Ezequiel abaixou a camisa e, sorrindo, o aconselhou:

- Não coce ou as feridas ficarão piores. E é melhor se acostumar com a nudez. No dia em que decidem pegar as nossas roupas para lavar, todos ficamos nus até que nos devolvam.

- E o frio? - indagou ainda encabulado.

- O negócio é apelar para o calor humano ou tentar fazer uma fogueira. Mas, o pior mesmo ainda está por vir, já que o inverno aqui não é para brincadeira, principalmente nos dias de banho, pois não temos nada para nos enxugar além das roupas do corpo, isso, para aqueles que ainda as têm.

Ao pensar em tudo pelo qual ainda teria que passar naquele lugar, Pedro abaixou a cabeça e, agoniado, ficou em silêncio.

Como não foram chamados para trabalhar naquele dia, os dois amigos e os demais internos permaneceram sentados no pátio em total ócio por toda a manhã. Muitas vezes, os pacientes mais fortes eram selecionados para executarem trabalhos de manutenção dentro do hospital e, algumas vezes, eram levados para trabalharem fora dos muros da instituição, o que geralmente envolvia a produção de telhas e tijolos ou manutenção e construção de espaços e prédios públicos. Geralmente recompensados apenas com um maço de cigarros ou um pedaço de pão, internos como Ezequiel se submetiam ao árduo trabalho escravo sem reclamar, uma vez que essa era a única forma de poderem sair, mesmo que apenas por algumas horas, daquele "inferno".

Aproximando-se do horário do almoço, Ezequiel chamou o amigo para entrarem na fila, cautelosamente, disse:

- Pelo que me contou de sua vida, imagino que esteja acostumado com boas refeições. Então, preciso prepará-lo para o que vai encontrar em nosso almoço e jantar.

Com receio do que estava prestes a ouvir, Pedro permaneceu em silêncio, enquanto Ezequiel continuou a falar:

- Vocês tinham porcos em sua fazenda?

- Por um tempo, mas meu pai acabou se livrando deles.

- Lembra-se do que eles comiam? Então, será muito parecido com o que almoçaremos agora ao meio-dia e jantaremos às cinco da tarde. Eu sei que, inicialmente, você terá o instinto de recusar, todavia, eu peço que resista e coma tudo, pois é a única coisa que teremos como alimento. Além disso, como você viu no café da manhã, nunca tem comida para todos, então, não sabemos quando será a próxima refeição.

Ezequiel realmente não estava brincando. Além de insossa e com aspecto repugnante, a comida oferecida a cada interno era pouca e, portanto, insuficiente para as necessidades nutricionais de um adulto. Também não havia talheres[10] para todos e, portanto, muitos internos comiam com as mãos sujas. "Que ironia, meu Deus! Eu que recusava o alimento delicioso de minha mãe, agora tenho que comer isso e agradecer ao Senhor por ainda ter algo para matar a minha fome"! - pensou Pedro, enquanto tentava controlar a ânsia de vômito ao tentar comer todo o seu almoço.

Pedro também ficou perplexo quando Ezequiel lhe contou que, por não ser fornecido qualquer tipo de lanche entre as refeições, alguns internos mentalmente instáveis que já estavam há muito tempo sem se alimentar, chegavam a perseguir pequenos roedores e insetos para matarem a sua fome. Além disso, Pedro também presenciou pacientes sedentos tomando água do esgoto que corria a céu aberto no pátio.

Tudo aquilo parecia surreal para aquele jovem rapaz sensível.

---

10 Dependendo da situação dos pacientes, os talheres também não eram entregues por uma questão de segurança.

07 Um fio de luz na escuridão

CERCA DE UMA semana desde sua chegada ao Hospital Colônia, após mais um jantar intragável, Pedro e Ezequiel continuaram no pátio até o escurecer, quando as luzes foram apagadas e todos foram obrigados a seguir para os dormitórios.

Sob o som de gritos e gemidos que ecoavam pelos pavilhões, Pedro se deitou na sua desconfortável cama de palha, disputando espaço com os demais internos. Deitado ao lado do novo amigo, ele fechou os olhos e começou a murmurar uma oração.

– Espero que o tempo e os maus tratos não abalem a sua sanidade e a sua fé – sussurrou Ezequiel após perceber que o amigo havia terminado a oração.

– Abalaram a sua?

– A sanidade ou a fé? – perguntou rindo.

– As duas.

– Eu ainda tento mantê-las de pé, só não sei até quando conseguirei.

Mesmo com frio e com fome, os rapazes pegaram no sono rapidamente.

* * *

UMA BRISA FRESCA tocava o seu rosto e, ainda de olhos fechados, Pedro respirou fundo absorvendo um odor extremamente agradável de jasmim. Temendo que tudo fosse apenas fruto de sua imaginação ou apenas um sonho, ele ficou reticente em abrir os olhos.

– Está tudo bem! Pode olhar! – Soou uma doce voz feminina.

Ao abrir os olhos, ele observou que estava de pé em um jardim florido que circundava um pequeno lago de águas cristalinas. Ao seu lado, uma jovem de pele negra e longos cabelos encaracolados sorria alegremente. Seu longo vestido branco serpenteava ao sabor do vento, enquanto ela caminhava alguns passos em direção a uma árvore, sob a copa da qual outra jovem de longos e lisos cabelos castanhos repousava em um balanço de corda, ao lado de um senhor de cabelos grisalhos. Apesar de estar de costas para Pedro, a jovem no balanço lhe trazia uma sensação familiar de ternura.

– Venha! – convidou a jovem de cabelos encaracolados, estendendo a mão.

– Áurea? Esse é o seu nome? Você é a minha Mentora Espiritual, não é? – questionou Pedro confuso ao se aproximar da jovem. – Memórias sobre você estão surgindo em minha mente como bolhas que borbulham em água fervente.

– Sim, chamo-me Áurea e sou sua Mentora Espiritual. Hoje, eu tenho um presente para aliviar as suas dores – comentou apontando para as duas pessoas junto à árvore.

O senhor de cabelos grisalhos ajudou a jovem a se levantar do balanço e ambos caminharam em direção a Pedro e sua Mentora.

– Vilma?! – gritou Pedro ao perceber que a jovem era sua irmã amada e, emocionado, correu em disparada ao seu encontro.

Ela, da mesma forma, correu para ele extremamente emocionada. Ao se abraçarem, ela disse:

- Pedrinho, tive dificuldade de acreditar em Cláudio, quando me disse que você estava vivo e que nos encontraríamos hoje.

Sem palavras para expressar a felicidade que sentia, ele apenas retribuiu o abraço e se entregou a um choro sentido.

Alegres com o reencontro dos gêmeos, Cláudio e Áurea começaram a emanar energias de tranquilidade e equilíbrio em direção aos seus tutelados.

- Você e a mamãe estão bem? - perguntou Pedro enxugando as lágrimas.

- Estamos desesperadas de preocupação. Ninguém sabe onde você está.

- O papai sabe! - retrucou indignado.

Percebendo a possibilidade de desequilíbrio em seu tutelado, Áurea repousou a mão sobre o seu ombro e, carinhosamente, disse:

- Se você começar a alimentar esse tipo de emoção, não poderá permanecer aqui e perderá a maravilhosa oportunidade de conversar com a sua irmã.

- Desculpe-me, mas é difícil não me entregar à revolta e ao desespero sabendo que viverei naquele local por causa do preconceito irracional de meu pai.

- Que lugar? - questionou Vilma aflita.

Agora foi a vez de Cláudio interferir na conversa. Acariciando o rosto da jovem tutelada, ele olhou em seus marejados olhos e, serenamente, explicou:

- Acalme-se, minha querida. O seu irmão está recluso em um ambiente hostil e passará por provações duras. Entretanto, lembre-se de que todas as experiências que vivenciamos são oportunidades de crescimento. Assim, quando ele lhe contar o que está passando, não se revolte com o infortúnio de seu irmão.

- Como posso crescer em um ambiente que tem como objetivo oprimir e destruir toda e qualquer humanidade dos pacientes? - indagou Pedro irritado.

Repousando a mão sobre o peito do rapaz, Áurea questionou:

- Onde estão aqueles que mais precisam da luz?

- Na escuridão - respondeu sem titubear.

- Existem muitas coisas que você ainda precisa aprender porque também se encontra na escuridão e aquele ambiente, apesar de parecer extremamente cruel e desumano, possibilitará a você enxergar a vida de uma forma totalmente diferente. Todavia, quero relembrá-lo de que o seu papel naquele lugar é muito maior do que imagina. Ajude o seu amigo Ezequiel a levar luz àqueles que têm dificuldade de enxergá-la, inclusive a você mesmo. Assim como você, ele é um trabalhador da seara do Mestre Jesus, mas precisa fortalecer a sua fé para se manter em seu propósito, pois já transcorreram dois anos de muitas dificuldades enfrentadas por ele. Juntos, vocês serão mais fortes e capazes de iluminar a vida de muitos.

Confuso, Pedro abriu a boca para questionar que papel seria esse que ele tinha no Colônia ou como ele poderia ser um trabalhador de Jesus se ele se sentia extremamente perdido, porém, foi interrompido pela Mentora, que continuou:

- Em um outro momento nós conversaremos sobre tudo isso com mais detalhes. Hoje, você está aqui para rever a sua irmã. Aproveite a oportunidade.

Após assentir com a cabeça, Pedro aceitou o convite da irmã para se sentarem sobre uma toalha de piquenique que estava estendida próximo ao balanço. Eles conversaram por algumas horas e ele contou a ela sobre como tinha chegado ao Hospital Colônia e como, rapidamente, havia encontrado um grande amigo. Comovida, ela tentava conter as lágrimas, mas mal dava conta de enxugá-las.

- Queria tanto poder lembrar de tudo isso ao acordar. Poder saber onde você está - disse Vilma repousando a cabeça no ombro do irmão.

- E do que adiantaria? Até onde eu fiquei sabendo, o único que pode me tirar de lá é o papai. Além disso, isso só traria mais sofrimento e angústia para vocês.

- Você está mais magrinho do que já era - lamentou a jovem, passando uma das mãos na cabeça do irmão. - E o seu cabelo?! Era tão lindo!

Após um abraço carinhoso, os gêmeos foram convidados por seus Mentores a se levantarem, pois, logo, Pedro teria que despertar.

- Ao acordar, eu me lembrarei de ter estado com minha irmã? - perguntou ele angustiado.

- Claro que sim - Áurea respondeu sorrindo. - Ambos lembrarão que estiveram juntos, todavia, os detalhes sobre a conversa de vocês não poderão ser levados para a vigília.

Com muita emoção, os irmãos se despediram e prometeram um ao outro que se manteriam firmes na fé em Deus, perseverando apesar de todos os obstáculos.

* * *

POUCO ANTES DAS cinco da manhã, Pedro despertou e, embora dolorido pelo desconforto do colchão improvisado, estava mais animado do que nas manhãs anteriores. Aproveitando o silêncio que ainda pairava no cômodo, ele fez uma curta oração agradecendo a Deus por sonhar com a irmã e se levantou.

Já acordado, Ezequiel percebeu a disposição do amigo e, sorrindo, lhe disse:

- Que bom que está bem-disposto, pois hoje vai ser um dia daqueles.

- O que quer dizer?

- Olhe pela janela, está chovendo. Isso quer dizer que teremos que ficar sob a chuva para tomarmos o café da manhã. Além disso, a palha não poderá ser colocada ao sol e, portanto, dormiremos nela do jeito que está.

Nesse momento, uma frase veio à mente de Pedro: "Ezequiel é um trabalhador da seara do Mestre Jesus, mas precisa fortalecer a sua fé para se manter em seu propósito... Juntos, vocês serão mais fortes e capazes de iluminar a vida de muitos". Ele não sabia exatamente de onde vinha aquele pensamento, embora soubesse que era importante.

– Não há tempo ruim para um coração alimentado pelo amor de Deus – afirmou Pedro cheio de convicção. – Eu estarei ao seu lado e tudo vai ficar bem.

– Nossa! Essa tal de Vilma deve ser muito importante para você – comentou sorrindo, ao mesmo tempo em que se espreguiçava.

– Como?!

– Você fala dormindo e repetiu o nome Vilma várias vezes.

– Ela é a minha irmã gêmea e, graças a Deus, sonhei com ela durante à noite.

Como previsto por Ezequiel, eles passaram três horas embaixo de uma chuva torrencial. Totalmente molhados e tremendo de frio, os amigos se mantiveram firmes. Durante o café da manhã e, fora da chuva, Pedro contou ao amigo sobre Vilma e como eles eram extremamente ligados desde o nascimento.

Estimulado por Pedro, Ezequiel também falou um pouco sobre sua família e, com um ar nostálgico, deixou que algumas lágrimas rolassem por seu rosto ainda molhado pela água da chuva.

Ezequiel era um de oito filhos e, sem condição de alimentar a todos, seus pais entregaram algumas das crianças para serem criadas por outras famílias. Com apenas seis anos, ele foi dado a um casal de vizinhos brancos que não podiam ter filhos. Apesar de também serem pobres, o casal tentou criar o menino da melhor forma possível. Sem que a vizinhança soubesse, o pai adotivo de Ezequiel, o qual ele sempre chamou de padrinho, seguia a Doutrina Espírita e o incentivou a ler toda a obra de Allan Kardec. Sempre auxiliado pelos esclarecimentos de seu padrinho acerca da doutrina, ele leu todos os livros velhos e surrados de Kardec que existiam na casa, os quais haviam sido dados de presente por um antigo empregador do casal.

Desde novo, Ezequiel era atormentado por visões e vozes de entidades estranhas e, ao ler os livros de Kardec, começou a compreender que era médium. Mesmo sem nunca contar a ninguém o que via, nem mesmo aos seus pais adotivos, ele continuou a ter essas experiências durante a adolescência, porém não as considerava mais como um fardo, e sim como um presente de Deus. Após a morte dos pais adotivos, quando tinha apenas quinze anos, ele voltou a morar com sua família biológica. Trabalhando como auxiliar de pedreiro, ele ajudava a sustentar a casa e tudo parecia estar bem. Entretanto, sua mediunidade foi ficando mais ostensiva e começou a ser percebida por seus pais, que, Católicos fervorosos, acreditaram que ele estava possuído ou louco. Não sabendo lidar com a situação, dois anos após o seu retorno ao lar, seu pai biológico o enviou para o Hospital Colônia.

Disputando espaço com outros internos sob uma marquise, Pedro se certificou de que nenhum guarda ou enfermeira estivesse por perto e, após mais uma tragada no cigarro, sussurrou curioso:

– Você ainda vê ou ouve esses Espíritos?

– Sim. Acha que sou louco?

– Na verdade, não. Eu sempre tive sonhos estranhos e a nítida impressão de que somos acompanhados de perto por alguém. Apenas nunca tinha pensado que podiam ser Espíritos.

– Que bom que pense assim, mas aqueles que cuidam deste lugar não podem saber que ainda vejo e ouço Espíritos.

– E o que os mortos lhe dizem?

– Isso depende do meu estado de espírito – respondeu Ezequiel de forma serena. – Nos dias em que estou bem, ouço e vejo irmãos de luz, que me dão conselhos e me incentivam a auxiliar aqueles que precisam. Inclusive, foi por meio desses conselhos que me aproximei de você. Já nos dias em que me entrego à revolta... Bom, você deve imaginar o que vejo e ouço dentro deste lugar!

Fazendo um sinal da cruz, Pedro fechou os olhos e, assustado, exclamou:

– Não quero nem imaginar!

– Já que estamos falando sobre isso, sei que nos conhecemos há poucos dias, contudo, estou acostumado com as pessoas questionarem os motivos pelos quais fui internado antes mesmo de perguntarem o meu nome. Por que não me questionou sobre isso antes?

– E você responde quando lhe perguntam?

– Em geral, não. Além de não querer assustar as pessoas, tenho medo de que os guardas saibam que ainda sinto essas coisas.

– Eu entendo – declarou Pedro, compreendendo que a mediunidade do amigo poderia ser interpretada como loucura pelos guardas e enfermeiras, os quais poderiam obrigá-lo a passar por mais sessões de eletrochoques. – Sobre o seu questionamento, eu não perguntei os motivos de sua internação porque fiquei com medo de que me perguntasse os motivos da minha.

– Eu não perguntaria, pois tento respeitar o espaço de cada um. Acredito que me contará quando achar que for pertinente.

– Eu tenho muita vergonha dos motivos pelos quais fui internado.

– Não deveria – afirmou Ezequiel de forma amável. – Não há nada de errado em amar as pessoas, mesmo que seja de uma forma diferente daquela que a sociedade julga como correto.

– Do que você está falando? Você sabe de alguma coisa? Algum Espírito lhe contou algo? – sussurrou Pedro desesperado.

– Acalme-se, ninguém me contou nada – comentou rindo. – Eu apenas percebi.

– Nossa! Eu tenho que me policiar. O que me denunciou? Foi a forma como eu olhei para você? Desculpe-me, eu não tive a intenção.

Percebendo a agonia do amigo, Ezequiel aproveitou que a chuva havia estiado e o puxou para longe dos demais internos.

– Pare de pedir desculpas, você não fez nada de errado.

– Eu não queria constrangê-lo, acontece que ainda não sei lidar com isso que sinto. Entretanto, fique tranquilo, pois o quero apenas como um amigo.

– Você não me constrangeu. Fico muito feliz em ser seu amigo e respeito os seus sentimentos.

- Como eu queria que meu pai pensasse dessa forma - lamentou entristecido. - Assim que descobriu que eu era homossexual, ele me bateu até que eu desmaiasse e, quando finalmente acordei, estava no "trem de doido[11]".

- Eu sinto muito! Infelizmente, a maioria das pessoas ainda não aprendeu a respeitar o próximo e elas se esquecem do principal ensinamento do Mestre Jesus, que nos diz que devemos amar o próximo como a nós mesmos[12] - concluiu com seriedade. - Mas, branquelo, posso lhe pedir dois favores?

- Claro!

- Embora eu não tenha preconceito algum com a homossexualidade, peço que você seja discreto sobre isso. Sei que alguns internos e funcionários têm opiniões diferentes da minha e temo que possam machucá-lo. Já bastam os horrores que sabemos que algumas internas[13] do Colônia passam.

---

11 Semelhante ao que acontecia nos campos de concentração nazistas de Auschwitz, os pacientes do Hospital Colônia de Barbacena eram transportados em abarrotados vagões de carga, muitas vezes, chamados de "vagões de loucos". Em 1933, o escritor Guimarães Rosa, que trabalhou brevemente como médico no Colônia, criou o termo "trem de doido" para nomear o trem que carregava os futuros internos do Hospital (ARBEX, Daniela. Holocausto brasileiro ed. 1. São Paulo: Geração Editorial, 2013) (GODOY, Ana Boff de. Arquivos de Barbacena, a Cidade dos Loucos: o manicômio como lugar de aprisionamento e apagamento de sujeitos e suas memórias. Revista Investigações, vol. 27, nº 02, 2014).

12 E Jesus disse-lhe: Amarás o Senhor teu Deus de todo o teu coração, e de toda a tua alma, e de todo o teu pensamento. Este é o primeiro e grande mandamento. E o segundo, semelhante a este, é: Amarás o teu próximo como a ti mesmo." (Mateus 22:37-39)

13 Embora, homens e mulheres dormissem em alas separadas, os pacientes conseguiam transitar livremente pelo hospital, o que, acrescido ao fato de que muitas pacientes andarem nuas, favorecia os casos de violência sexual. Infelizmente, também existem relatos de abusos cometidos pelos próprios funcionários do Colônia (ARBEX, Daniela. Holocausto brasileiro ed. 1. São Paulo: Geração Editorial, 2013) (GODOY, Ana Boff de. Arquivos de Barbacena, a Cidade dos Loucos: o manicômio como lugar de aprisionamento e apagamento de sujeitos e suas memórias. Revista Investigações, vol. 27, nº 02, 2014).

– Claro! – exclamou assustado. – E qual o outro favor?

– Não chame o trem que traz as pessoas para este lugar de "trem de doido". São rótulos como esse que fortalecem, na cabeça das pessoas ignorantes, a necessidade de manterem lugares como o Colônia.

Admirado com a maturidade de seu amigo, Pedro assentiu com a cabeça e, fechando brevemente os olhos, agradeceu a Deus por tê-lo colocado em seu caminho.

08 Tentando manter a chama acesa

COM O PASSAR dos meses, Pedro tentou se manter firme diante das dificuldades e foi, aos poucos, percebendo o quanto seria difícil sustentar sua sanidade e, principalmente, a sua fé dentro das condições oferecidas aos internos do Hospital Colônia.

Em uma determinada noite, ao cair no sono, ele abriu seus olhos e, aliviado por se ver temporariamente livre do corpo material, percebeu que estava naquele mesmo jardim em que sempre se encontrava com a irmã durante a emancipação. Ansioso, correu até o balanço, onde ela geralmente o esperava, todavia, se surpreendeu ao encontrar Áurea sentada sobre a toalha de piquenique.

- Olá, Áurea! Que bom vê-la.

- Parece decepcionado - constatou a Mentora com serenidade.

- Confesso que esperava encontrar a Vilma - respondeu acanhado. - Onde ela está?

- Hoje ela não virá, pois tem outros compromissos. Aproveitarei a oportunidade para esclarecer algumas de suas dúvidas. Você precisará disso para se manter firme em seus propósitos.

- Você está tão séria hoje... devo me preocupar? - perguntou apreensivo, sentando-se ao lado da Mentora - sorrindo, ela segurou as mãos do tutelado e disse: - Há alguns meses, você mostrou ter dúvidas sobre o seu papel como trabalhador de Jesus no Hospital Colônia. Hoje, eu quero relembrá-lo de alguns fatos que podem ajudar.

- Tudo bem!

- Não poderei falar de detalhes de suas vivências anteriores, porém você precisa compreender que não é uma vítima, e sim um Espírito que luta para se perdoar dos equívocos passados.

- Você está querendo dizer que estou sendo punido pelo o que fiz no passado?

- Não. As dificuldades que você enfrenta hoje não são punições, mas possibilidades de crescimento. Um dos pontos principais de seu planejamento reencarnatório é vivenciar e vencer o preconceito, mantendo-se firme em sua fé e auxiliando aqueles que sofrem com o descaso e a crueldade de pessoas que ainda não conseguem compreender e ofertar o amor ao próximo.

- Então, todos os internos do Colônia estão ali porque erraram no passado e precisam aprender com a dor?

- Devido ao nosso momento evolutivo, ainda encaramos a dor como a melhor ferramenta de crescimento. Um dia, no entanto, seremos capazes de aprender sem a necessidade de situações tão brutais como essas. Contudo, não se engane, ali existem irmãos que estão em missão de auxílio ao próximo e são muito mais iluminados do que imagina.

- Está falando do Ezequiel?

- Sim, mas ele não é o único. Houve outros e ainda haverá mais.

Confuso, Pedro coçou a cabeça e questionou:

- Por que me sinto tão ligado a ele?

- Você não se lembra, mas, quando percebemos as intenções de seu pai em enviá-lo para o Hospital Colônia, conversamos com você e com Ezequiel neste plano imaterial e ambos concordaram em trabalhar juntos.

- Como?

- Antes mesmo daquela noite no bordel, seu pai já estava decidido a enviá-lo para o Colônia. Aquela foi uma última tentativa dele em fazer com que você mudasse de opinião em relação às mulheres. Dessa forma, durante a emancipação, promovemos um encontro entre você e Ezequiel. O seu novo amigo é um trabalhador que, há muito tempo, dedica-se a levar o auxílio àqueles que sofrem, principalmente com o preconceito. Do Plano Espiritual, ele se dedicou exaustivamente a favor dos indígenas, na época da colonização, e, dos aos negros, na época da escravidão. Entretanto, sentia-se mal por não conseguir alcançar esses irmãos de forma mais efetiva e pediu autorização para reencarnar. Escolheu vir negro, pobre e com a mediunidade aflorada para vivenciar de perto o preconceito racial, para assim poder compreender e ajudar aqueles que mais sofrem. Conseguimos fazer com que fosse levado ao convívio do pai adotivo, o qual sabíamos ser seguidor da Doutrina Espírita e estar preparado para guiá-lo nessa jornada de aprendizado. Com o desencarne dos pais adotivos, em emancipação, Ezequiel e toda a sua equipe de proteção concordaram que era hora de dar um passo decisivo no seu projeto de levar auxílio àqueles que mais necessitavam. Assim, ele foi incentivado a voltar ao lar dos pais biológicos, pois a probabilidade de o internarem no Hospital Colônia era enorme quando percebessem a sua mediunidade.

- Você está dizendo que ele entrou no Colônia de propósito? - questionou Pedro surpreso.

- Embora ele não tenha essa consciência quando está acordado, sim, essa foi uma decisão tomada por ele, pois sabia que, dentro da instituição, teria oportunidade de aprender e auxiliar.

Admirado pela coragem do amigo, o rapaz colocou as mãos sobre os joelhos e, pensativo, manteve-se em silêncio.

- O que o incomoda? - indagou Áurea.

– Se ele é um Espírito mais esclarecido que eu, como posso estar ali para ajudá-lo?

– Quando estamos no Plano Espiritual, conscientes de todo o nosso passado e de todas as nossas dificuldades, temos mais facilidade para compreender a importância dos obstáculos enfrentados pelos encarnados. Entretanto, ao vestirmos o corpo material e sentirmos na carne as dores física e psicológica, às quais estamos sujeitos em ambientes como aquele em que estão enclausurados, podemos fraquejar. Obviamente, existem Irmãos Espirituais em um nível de esclarecimento moral muito maior que o nosso, os quais dificilmente se abalariam com tais situações, mas vários de nós ainda têm muito a aprender e, portanto, somos passíveis de tropeços.

Percebendo que Pedro ainda não havia compreendido totalmente a situação, ela continuou:

– Nos dois primeiros anos, contamos com a ajuda de Cristóvão, um outro amigo trabalhador da Seara que foi essencial para auxiliar Ezequiel a não se deixar abater e a se manter firme em seus propósitos. Todavia, com o desencarne de Cristóvão, ele começou a perder as forças e teve medo de não conseguir sustentar sua sanidade e fé. Temendo se tornar insensível ao sofrimento alheio e falhar em sua missão, em uma de nossas reuniões, ele implorou por auxílio, por alguém que pudesse apoiá-lo nos momentos mais difíceis, não o deixando esquecer que o amor supera tudo. Foi aí que pedimos o seu auxílio. A sua amizade e o seu carinho são muito mais importantes do que imagina.

– Por isso ele parecia tão insensível quando o conheci?

– De certa forma, sim. No entanto, você já deve ter percebido que ele tem agido de forma diferente agora.

– Sim. No entanto, tem algo que não consigo entender. Lugares como o Hospital Colônia foram planejados pela Espiritualidade?

– Não da forma como foram concretizados. Embora essas instalações tenham sido originalmente construídas para isolar pacientes vítimas da tuberculose[14], quando se pensou em transformá-las em um hospital psiquiátrico, a Espiritualidade tentou intuir os idealizadores da instituição a manter um ambiente que pudesse levar auxílio àqueles que apresentam distúrbios mentais, mas oferecendo a eles um tratamento digno e mantendo-os, na medida do possível, em convívio social, e não os isolando do mundo e tratando-os de forma tão cruel. Infelizmente, a ganância, a ignorância e o preconceito fizeram com que tal ambiente se tornasse um depósito humano, para o qual pessoas fora dos padrões aceitos pela atual sociedade são levadas para lá para não mais saírem.

– Vocês não poderiam intervir, impedindo que isso acontecesse? – perguntou angustiado.

– A Espiritualidade só interfere no livre-arbítrio dos encarnados em casos extremos, quando não há qualquer oportunidade de aprendizado nas situações vividas, o que não é o caso. Todavia, nós não estamos de braços cruzados, constantemente tentamos despertar nos dirigentes e políticos responsáveis pela necessidade de amar o próximo, enxergando a todos como iguais.

– E será que funcionará? Até onde eu sei, o hospital já está em funcionamento há quase cinquenta anos e não parece que as coisas estejam melhorando.

– Não podemos manipular os encarnados, apenas sugerir. Além disso, a população local e a sociedade como um todo também são responsáveis pelas atrocidades que acontecem lá, pois a omissão dá poder àqueles que as praticam. Ainda demorará um pouco, mas irmãos com um pouco mais de esclarecimento se levantarão contra essas práticas atrozes e usarão a história desse lugar como forma de lembrar a todos que não existem pessoas melhores ou piores e que ninguém tem o direito de subjugar seus irmãos.

---

14 Antes de 1903, a área onde foi inaugurado o Hospital Colônia de Barbacena era ocupada por um sanatório particular destinado ao tratamento da tuberculose *(Ibidem, p. 39)*.

Emocionado, Pedro abraçou Áurea e agradeceu a confiança nele depositada.

* * *

AO ACORDAR, ELE fez uma curta oração e, mesmo não se lembrando claramente do encontro com a Mentora, teve a certeza de que deveria auxiliar Ezequiel no trabalho de acalento aos demais internos, nunca esmorecendo diante das dificuldades.

Com o apoio da Espiritualidade e de seu novo amigo, Ezequiel se tornou o porto seguro de muitos internos do Hospital Colônia. Sempre com uma palavra amiga, ele levava conforto àqueles que já não conseguiam enxergar a luz.

Em um final de tarde, os dois amigos e os outros internos haviam acabado de retornar de um exaustivo dia de trabalho, no qual capinaram vários terrenos da cidade. O inverno estava em seu auge e o frio de dez graus fazia até os ossos tremerem. Na tentativa desesperada de se aquecerem, alguns homens rasgavam partes de suas roupas para alimentar uma fogueira improvisada no pátio do hospital.

Tião, um senhor de meia idade que havia sido internado há cerca de quinze anos, após ter sido preso por estar alcoolizado e sem documentos, lutava contra as dores no corpo, principalmente nos pés. Caminhando vagarosamente, ele foi até a fogueira e, fitando as pequenas labaredas, questionou:

- Meus Deus! Por que permite tanta maldade?

- Deus permite a maldade do homem porque nela também há aprendizado - disse Ezequiel abraçando o homem na tentativa de aquecê-lo. - Lembre-se das palavras do Mestre: "Ai do mundo, por causa dos escândalos; porque é mister que venham escândalos, mas ai daquele homem por quem o escândalo vem"![15]

15 Mateus 18:7

Admirado com a atitude do amigo, Pedro olhou para um dos pés extremamente ferido de Tião e, sem pensar duas vezes, abaixou-se e, aproveitando um pequeno furo na perna de sua calça, rasgou uma tira da roupa.

– Menino, o que está fazendo? – indagou Tião curioso.

– Sente-se Tião – ordenou Pedro com carinho.

Sem compreender a intenção do rapaz, Tião obedeceu. Abaixando-se em sua frente, Pedro tentou limpar os ferimentos com as próprias mãos e depois passou a tira de tecido em volta do pé do senhor, fazendo uma espécie de curativo.

– Obrigado, meu menino! Muito obrigado! – agradeceu emocionado.

Comovido, Ezequiel olhou para o amigo e sorriu. Para Pedro, no entanto, aquilo era mais que um sorriso, era a confirmação de que ele realmente tinha um objetivo em sua vida: ajudar Ezequiel a manter sua fé e a deixar a vida daqueles homens amenos sofrida possível.

Durante os três meses em que já estava internado no Colônia, Pedro já havia sido obrigado a tomar comprimidos que o deixaram fora de si e presenciado a dor que alguns de seus companheiros de pavilhão sentiram ao perder amigos próximos, geralmente devido a doenças agravadas pela má alimentação ou pelo frio. Todavia nada se compararia ao que ele vivenciaria a seguir, pois, Pedro ainda não sabia, mas o dia seguinte seria terrivelmente marcante em sua vida.

Com o cair da noite, as temperaturas ficavam cada vez mais baixas e a sensação térmica estava abaixo de zero. Sem cobertores e deitados sobre a palha fria e úmida, os homens se amontoavam uns sobre os outros, na tentativa desesperada de se manterem aquecidos durante a noite. Tremendo de frio e pressionado entre a parede e o corpo de outros internos, Pedro fez uma oração e adormeceu.

Como já era de costume, na manhã seguinte, os gritos dos guardas acordaram os internos que se levantaram. Entretanto, quando já se preparavam para seguir para a fila do café da manhã, perceberam que Tião ainda não havia levantado. Temendo que os guardas o punissem, Pedro tentou acordá-lo, contudo percebeu que seu corpo gelado não se movia.

Atônito, Pedro ficou agachado ao lado do corpo sem vida de Tião. Ele não conseguia acreditar no que estava acontecendo e se irritou quando alguns internos que não tinham o que vestir começaram a despir o companheiro morto.

– O que estão fazendo? Tenham o mínimo de compaixão – gritou o rapaz indignado.

Percebendo o desequilíbrio do amigo, Ezequiel se abaixou ao seu lado e, preocupado, disse:

– Eu também estou triste pela morte de Tião, mas não julgue os seus irmãos, eles estão passando frio. Vamos! Daqui a pouco os guardas voltarão.

Puxando o amigo pelo braço, Ezequiel seguiu até o pátio onde o frio parecia cortar a pele de seu rosto como uma navalha afiada. Abatido, Pedro entrou na fila do café da manhã e não conseguiu conter as lágrimas que, incessantemente, emergiam de seus olhos.

– Ei, branquelo, olhe para mim. Eu sei o quanto é difícil, mas você não pode se entregar. Eu preciso de você ao meu lado.

– O que aconteceu? Ele estava doente? – indagou o rapaz, tentando, em vão, enxugar as lágrimas.

Tentando controlar a tristeza que também sentia, Ezequiel respirou fundo e, com cautela, respondeu ao questionamento do amigo:

– Provavelmente, morreu sufocado. Fiquei sabendo que isso já aconteceu em outros dormitórios, todavia é a primeira vez que acontece tão perto de mim. Durante a noite, na tentativa de se aquecerem, os internos acabam deitando uns sobre os outros e aqueles que ficam embaixo podem não conseguir respirar.

– Meu Deus! – exclamou o jovem cobrindo o rosto com as mãos.

Abraçando-o com carinho, Ezequiel começou a cantarolar baixinho um hino religioso que aprendera durante a infância, trazendo um pouco de conforto ao coração do amigo.

Após o café da manhã, Pedro se esforçou para tirar a imagem do interno morto de sua mente e, sentando-se ao lado de uma fogueira improvisada por Ezequiel, acendeu um cigarro e disse ao amigo:

- Será que você poderia me falar um pouco mais sobre o que aprendeu nos tais livros de Kardec?

Alegre com o pedido do amigo, Ezequiel começou a falar sobre as Leis Morais[16]. Ele falava sobre a importância de compreendermos cada uma das Leis, principalmente, a Lei de Justiça, Amor e Caridade, com a qual aprendemos que a justiça consiste no respeito aos direitos de cada um, mesmo daqueles que agem contra aquilo que consideramos como moralmente correto.

Buscando o calor da fogueira e curiosos sobre o que Ezequiel falava, alguns internos se aproximaram dos amigos. Entretanto, as palavras não pareciam trazer alívio ao João, um interno que havia chegado ao Colônia há apenas uma semana.

- Então, para sermos justos, temos que respeitar o próximo, mesmo que ele nos desrespeite? - questionou João contrariado.

Com muito carinho e boa vontade, Ezequiel olhou para o interno de forma serena e respondeu:

- Mesmo que a situação vivenciada pareça injusta, Jesus nos pede que amemos nossos inimigos[17], oferecendo a eles a outra face daquilo que recebemos[18], pois, como Kardec descreveu, "o amor e a caridade são o complemento da lei da justiça, porque

16 As Leis Morais, descritas por Allan Kardec em O Livro dos Espíritos, é um conjunto de leis divinas que regem a dimensão moral do ser.

17 "Eu, porém, vos digo: Amai a vossos inimigos, bendizei os que vos maldizem, fazei bem aos que vos odeiam, e orai pelos que vos maltratam e vos perseguem; para que sejais filhos do vosso Pai que está nos céus." (Mateus 5:44)

18 "Eu, porém, vos digo que não resistais ao mau; mas, se qualquer te bater na face direita, oferece-lhe também a outra" (Mateus 5:39)

amar ao próximo é fazer-lhe todo o bem possível, que desejaríamos que nos fosse feito".[19]

- Você realmente está no lugar certo - gritou o homem com raiva. - Está louco se acha mesmo que devemos respeitar esses malditos guardas e enfermeiras. Eles merecem todo o nosso ódio e desprezo.

Tentando auxiliar o homem a compreender as palavras de Ezequiel, Pedro se levantou e disse:

- Se agirmos com ódio e desprezo, o que nos diferenciará deles? Usando a violência, só estaremos confirmando a todos o que, equivocadamente, pensam ao nosso respeito: que somos um perigo para a sociedade e que devemos ficar presos neste lugar como animais. Não podemos deixar que eles nos transformem naquilo que não somos.

Com exceção de Ezequiel, nenhum dos encarnados presentes percebia que João estava rodeado por uma densa nuvem enegrecida formada de emanações de ódio e vingança.

Percebendo que o homem ainda não aceitava as palavras que ouvia, Pedro repousou a mão sobre o seu ombro, porém, antes que pudesse dizer alguma coisa, foi bruscamente empurrado por ele e caiu.

- Como ousa tocar em mim, seu "maricas" maldito? - gritou João, desferindo chutes no abdome do rapaz caído.

Assustado, Ezequiel se levantou rapidamente e tentou conter a fúria de João, implorando a ele que parasse. Contudo, alertados pelos gritos dos internos, os guardas logo chegaram e, afastando Ezequiel com violência, levaram Pedro e João pelos corredores do pavilhão.

---

19 KARDEC, Allan. O Livro dos Espíritos, tradução de Guillon Ribeiro. Editora Letra Espírita: Campos dos Goytacazes/RJ. 2022, p. 317.

09

Sob ameaça da escuridão

SEM COMPREENDER CLARAMENTE o que estava acontecendo, Pedro foi arrastado por corredores escuros e fétidos. Ele nunca havia estado naquela área do hospital e, apavorado, implorava por misericórdia, o que irritava ainda mais o guarda que o puxava violentamente pelo braço.

Parando em frente ao que parecia ser a abertura de uma cela, o guarda jogou o jovem no chão e, após mais alguns chutes, o empurrou para dentro do pequeno cômodo escuro.

Dolorido e com dificuldade para se levantar, ele percebeu que o chão da cela estava coberto de fezes e urina humana, além de ratos e baratas que pareciam fazer dali a sua morada. Pendurando-se nas barras de ferro da grade que fechava a cela, ele se levantou e, com dificuldade, tentou se manter de pé. Os gritos enraivecidos que vinham das celas vizinhas entravam em seus ouvidos como agulhas e, entregando-se ao desespero, ele chorou como uma criança.

Sozinho na cela, não havia como contar com o calor humano e o frio parecia cada vez pior. Como não havia luz no ambiente, ele não sabia há quantas horas estava ali, mas a fome o avisava que já deveria ter passado do horário do almoço.

Faminto, dolorido e com frio, ele acabou se entregando ao cansaço e dormiu sentado junto à grade que servia como portão para a cela.

- Acorde! - gritou o guarda jogando um balde de água gelada sobre Pedro.

O susto ao ser acordado daquela forma e o frio que sentia eram tão intensos que a sua voz falhou e nem mesmo conseguiu gritar. Novamente, arrastado pelo guarda, ele foi levado até uma sala iluminada, onde havia quatro macas, uma ao lado da outra. Nas três primeiras macas, internos amarrados pelos pulsos e tornozelos se debatiam ferozmente. E, ao ser arrastado pelo guarda até a quarta maca, observou que João era o paciente amarrado à terceira. Sem oferecer resistência, Pedro foi amarrado e, em desespero, assistiu à aplicação do temido eletrochoque em seus companheiros.

Como em uma tortura programada para lhe mostrar detalhadamente o que aconteceria quando chegasse a sua vez, ele assistia o procedimento se repetir: A enfermeira colocava um chumaço de tecido ou espuma na boca do paciente para que ele não mordesse a própria língua; molhava a sua cabeça com uma mistura de água e sal para amplificar a transmissão dos impulsos elétricos e aproximava os dois eletrodos de suas têmporas, enquanto outra enfermeira acionava o aparelho. A descarga elétrica fazia com que toda a musculatura do paciente se contraísse, gerando uma cena horrenda, típica dos filmes de exorcismos que vemos nos dias de hoje. O estado de convulsão geralmente era breve, mas em João pareceu durar uma eternidade.

Desesperado após assistir o procedimento ser aplicado em João, Pedro fechou os olhos e começou a rezar, pedindo a Deus que lhe desse forças suficientes para passar por tudo aquilo e ainda ser capaz de manter sua fé para auxiliar Ezequiel em sua jornada de apoio aos demais internos. Rodeado por Irmãos Espirituais de luz que emanavam energias positivas para que ele se mantivesse o mais calmo possível, Pedro tinha o seu rosto acariciado por Áurea, que, com lágrimas nos olhos, tentava levar a ele lembranças agradáveis de sua infância.

Chegada a sua vez de receber o eletrochoque, em vão, ele tentou controlar o medo. Apesar de se manter consciente por apenas alguns segundos, esse foi tempo suficiente para perceber que aquilo realmente era desumano. Ele nunca havia sentido tanta dor em sua vida.

Ao acordar, Pedro percebeu que já estava desamarrado e, com ajuda de outro paciente que estava tão debilitado quanto ele, levantou-se da maca e deixou a "sala dos horrores", como passou a chamar aquele cômodo depois desse dia. Antes de passar pelo marco da porta, ele olhou para trás e percebeu que João ainda permanecia sobre a maca, mas agora coberto por um lençol. Abatido e mal conseguindo se manter em pé, ele se escorava nas paredes, enquanto ele e os outros dois pacientes eram escoltados pelo guarda de volta ao pátio.

Chegando lá, ele foi recebido por Ezequiel que, em lágrimas, o ajudou a se sentar ao lado de uma pequena fogueira.

– Já é noite? Por quantas horas eu fiquei lá? – balbuciou o rapaz de forma quase incompreensível.

– Muitas, perdeu o almoço e o jantar – respondeu o amigo tentando conter a emoção. – Eu consegui guardar duas bananas para você.

– Acho que não consigo comer nada agora – disse ele enxugando a saliva que ainda escorria pelo canto de sua boca.

– Eu imagino, lembro-me exatamente dessa sensação. Pelo menos você não se borrou todo como eu – comentou, tentando rir.

– Não, mas como pôde ver, acabei me urinando todinho – retrucou com um sorriso torto.

No dia seguinte, após tomarem o café da manhã, Pedro acendeu um cigarro e, certificando-se de que não havia guardas e enfermeiras por perto, sussurrou com pesar ao amigo:

- João não resistiu ao choque.

- Eu sei, ouvi um dos guardas comentando - lamentou entristecido. - E como se sente sobre isso?

- Muito mal. Como o meu pai, ele só fez o que fez por não conseguir compreender o valor do amor ao próximo.

- Fico feliz que pense assim - disse Ezequiel com um sorriso.

- Como João ficou sabendo que sou gay? Ele mal conhecia as pessoas aqui dentro.

- Eu sei e é por isso que quero que se mantenha em alerta - aconselhou preocupado. - Andei perguntando e descobri que foi um dos guardas quem contou a ele, provavelmente porque sabia o quanto João era preconceituoso e que isso acabaria em briga.

Pedro deu mais uma tragada no cigarro e, tentando não pensar nas más intenções dos guardas para com ele, falou:

- Tem uma coisa que queria lhe contar, mas estou com medo de ser loucura da minha cabeça.

- Sem problema, afinal, você já está em um hospício - brincou Ezequiel rindo.

- Estou falando sério!

- Desculpe-me! Pode falar.

- Tenho a clara impressão de que vi uma jovem ao meu lado pouco antes de receber a descarga elétrica. Ela era negra e tinha longos cabelos encaracolados.

Sorrindo, Ezequiel se aproximou um pouco mais do amigo e sussurrou:

- Não foi uma impressão, eu já a vi ao seu lado várias vezes e ela transmite muita paz e alegria. Possivelmente, é sua Mentora Espiritual.

Apesar do frio e das intensas dores que ainda sentia, sabendo que estava sendo protegido por alguém que o amava, Pedro ficou muito feliz, mas este estado de espírito não durou muito tempo, pois eles precisavam enterrar Tião, João e mais outros dois internos que haviam morrido no dia anterior.

Escoltados por um guarda, Ezequiel, Pedro e outros homens puxavam uma carrocinha, na qual transportavam seus companheiros mortos. Chegando ao Cemitério do Cascalho[20], os homens abriram uma cova rasa e lá depositaram os quatro corpos.

Percebendo que o guarda estava distraído e mais distanciado, Ezequiel fez uma breve oração, seguida por um Pai Nosso coletivo emocionado.

Entristecido ao observar tantos túmulos naquele cemitério, Pedro permaneceu pensativo e em silêncio durante todo o percurso de volta ao hospital.

- Branquelo, está tudo bem? - perguntou Ezequiel preocupado, quando ficaram sozinhos.

- Estava pensando naquela vastidão de covas. Todas contêm internos do Colônia?

- Certa vez, Cristóvão me disse que, durante muitos anos, a cidade também usou o lugar para enterrar os renegados pela Igreja, tal como os suicidas. Mas, sinceramente, acredito que a maioria delas contenha pessoas que morreram no Colônia[21].

Tentando não se deixar levar por aqueles pensamentos negativos, Ezequiel e Pedro seguiram o seu dia levando carinho e acalento aos internos que se encontravam dentro da Instituição.

---

20 Atualmente chamado de Cemitério Nossa Senhora da Paz, o cemitério do Cascalho foi construído para atender à demanda do Hospital Colônia de Barbacena.

21 Estima-se que, durante as mais de oito décadas de funcionamento, mais de 60 mil internos do Hospital Colônia de Barbacena foram mortos, vítimas de hipotermia, desnutrição, doenças e maus-tratos (ARBEX, Daniela. Holocausto brasileiro ed. 1. São Paulo: Geração Editorial, 2013) (PERON, Paula Regina. A trágica história do Hospital Psiquiátrico Colônia. Psic. Rev. São Paulo, vol. 22, nº 02, 2013) (GODOY, Ana Boff de. Arquivos de Barbacena, a Cidade dos Loucos: o manicômio como lugar de aprisionamento e apagamento de sujeitos e suas memórias. Revista Investigações, vol. 27, nº 02, 2014).

10
Na escuridão do lar

NA FAZENDA, JOAQUIM acordou ainda de madrugada e percebeu que a esposa não estava ao seu lado. Ressabiado, ele se levantou e desceu as escadas, encontrando-a na cozinha, sentada junto ao fogão à lenha.

– O que faz aqui a essa hora? O sol ainda demorará para nascer! – exclamou de forma ríspida.

Assustada com a chegada do marido, Júnia se levantou e, enxugando as lágrimas que ainda escorriam por seu rosto, respondeu com cautela:

– Desculpe-me se o acordei. Eu não estava conseguindo dormir e decidi descer para beber um copo de água.

– Tem uma moringa com água na mesa de cabeceira. Por que precisaria descer para pegar água? – indagou desconfiado.

– Eu disse, não estava conseguindo dormir. Desde que Pedro desapareceu, não durmo direito – explicou tentando conter o choro.

Impaciente e aborrecido com as lamúrias da esposa, Joaquim se apoiou no encosto de uma das cadeiras e protestou:

– Até quando ficará chorando pelos cantos por causa disso? Já se passou mais de um ano que aquele moleque foi embora e você continua com essa ladainha!

Esquecendo-se momentaneamente do medo que tinha do marido, ela foi tomada pela revolta e ousou enfrentá-lo, aumentando o tom de voz:

– Como tem coragem de falar isso? Ele também é seu filho! Será que não sobrou nenhum resquício de humanidade em você?

Indignado com a coragem da esposa ao falar com ele daquela forma, Joaquim deu um pulo em sua direção e a esbofeteou com toda força, fazendo com que ela caísse no chão e derrubasse o bule com água que estava sobre o fogão.

– Vou ensiná-la a nunca mais ter a petulância de levantar a voz para mim – gritou Joaquim com todo ar de seus pulmões, seguindo em direção ao armário que ficava próximo à porta da cozinha, do qual tirou seu chicote.

Aos prantos, Júnia se levantou e correu para a sala, mas foi interceptada por Bernardo e Vilma.

– O que aconteceu? Ouvi os gritos e vim o mais rápido que pude – questionou Bernardo assustado, enquanto ela era amparada pela filha.

Antes que ela pudesse responder ao cunhado, Joaquim entrou na sala com o chicote nas mãos.

– Não se metam nisso, a minha conversa é com essa infeliz – gritou o fazendeiro com ódio no olhar.

– Você chama isso de conversa?! – protestou Bernardo enfurecido. – Quando você vai começar a valorizar a sua esposa? Já não basta ter perdido um filho? Quer perder o restante da família?

Irado com a intromissão do irmão, Joaquim chicoteou o braço do sofá com toda a força.

– Meu irmão, eu o respeito muito, contudo, a família é minha e você não deve se meter no assunto.

– Desculpe-me, meu irmão. Mas, se quiser bater na sua esposa, terá que passar por mim primeiro.

Angustiada com a situação, Vilma abraçou a mãe e gritou:

- Parem! Será que tudo nessa casa tem que ser resolvido na base da violência?

Irritado com toda a situação, Joaquim olhou para o irmão e, percebendo que não teria coragem de enfrentá-lo, saiu de casa, derrubando todos os móveis e objetos pelo caminho.

Com a ajuda do cunhado e da filha, Júnia se deitou no sofá da sala.

- Cuide de sua mãe - pediu Bernardo à sobrinha. - Certificar-me-ei de que Joaquim esfriará a cabeça antes de voltar para a casa.

Ainda vestindo pijama, Bernardo saiu de casa à procura do irmão e o encontrou fumando um cigarro próximo ao estábulo. Preocupado, ele tentou convencer Joaquim de que devia mudar sua atitude com relação à esposa e à filha. Após ouvir um longo sermão, o fazendeiro retornou para casa acompanhado pelo irmão apenas para trocar de roupa, pois disse que tinha compromissos agendados na cidade naquela manhã.

Nas semanas seguintes, Joaquim mal conversou com a família, dirigindo-se a eles apenas para falar o essencial. Com o tempo, no entanto, ele voltou a agir normalmente, como se nada tivesse acontecido.

* * *

PASSADOS VÁRIOS MESES, Joaquim estava sentado em um longo banco de madeira que ficava na varanda de casa. Entretido ao enrolar um cigarro de palha, ele não percebeu a aproximação do irmão.

- Isso ainda o matará! - exclamou Bernardo, sentando-se ao seu lado.

- Provavelmente, isso faria muitas pessoas felizes - comentou pouco antes de acender o cigarro e dar uma tragada.

- Se fosse mais amável com as pessoas, talvez elas não desejassem o seu mal.

– E você? – perguntou olhando diretamente nos olhos do irmão. – Também ficaria feliz com a minha morte?

– Lógico que não! Você sabe o quanto eu o amo. Entretanto, tenho que confessar que fica cada vez mais difícil conviver com o seu temperamento explosivo e violento.

Fingindo não se importar com o comentário do irmão, Joaquim virou-se para o outro lado e permaneceu em silêncio.

– Joaquim, hoje faz dois anos que Pedro desapareceu. Será que não tem mais nada que possamos fazer?

– Eu já vasculhei as fazendas vizinhas e conversei com a polícia, o que mais quer que eu faça? – questionou irritado.

– Quando foi a última vez que falou com o delegado? Ele não tem nenhuma novidade?

Para não parecer suspeito diante da família, Joaquim realmente tinha procurado o delegado que era um grande amigo que conhecera no bordel. Na ocasião, ele convenceu o delegado de que o filho havia fugido e que não havia necessidade de perder tempo em procurá-lo.

– Encontro com ele todas as vezes que vou ao centro da cidade e não há nada de novo.

– Como consegue ficar tão tranquilo sem saber onde o seu filho está?

– E o que você queria? Que eu ficasse choramingando pelos cantos como a Júnia? Do que isso adiantaria?

Mesmo tendo ficado visivelmente incomodado com a insensibilidade do irmão, Bernardo preferiu se calar. Percebendo a sua reação, Joaquim aproveitou o momento para mudar de assunto.

– Acho que esqueci de mencionar, Lauro e o filho vêm jantar conosco hoje. Você se lembra de Lauro?

– Sim, ele e o pai sempre nos visitavam quando éramos crianças. O pai de Lauro era amigo de infância do nosso pai, não era?

– Sim, o nome dele era Cézar – respondeu com raiva. – Não suportava a presença daquele homem. Você era muito novo na época e, provavelmente, não se lembra, mas ele era repugnante.

- Realmente, me lembro muito pouco dele. Todavia, de Lauro me lembro bem, apesar de ele morar um pouco longe, vocês eram inseparáveis. O jantar tem algum motivo especial?

- O filho dele já está com vinte anos e decidimos casá-lo com Vilma.

- Casamento arranjado?! - perguntou Bernardo surpreso e preocupado. - Joaquim, tem certeza disso? Por que não deixa a sua filha decidir com quem quer passar o resto da vida?

Irritado com a opinião do irmão, Joaquim se levantou e, apagando o cigarro no peitoril da varanda, protestou:

- Vilma já tem dezenove anos e já passou da hora de arrumar um marido. Além disso, com a petulância daquela menina, duvido que algum homem se interesse por ela.

- Ela, pelo menos, foi avisada sobre esse noivado arranjado?

- Comentei com Júnia ontem à noite e acho que elas já conversaram sobre isso pela manhã.

- Ah, Claro! - exclamou Bernardo contrariado. - Agora entendi o porquê da cara emburrada de Vilma durante o almoço.

Não querendo discutir suas decisões com o irmão, Joaquim virou as costas para ele e entrou em casa.

Durante o jantar, Joaquim apresentou Lauro e seu filho Jânio para toda a família, anunciando o noivado.

Embora tenha percebido o quanto o noivo era bonito e simpático, Vilma ficou extremamente desconfortável em sua presença. Algo nele trazia a ela uma sensação de desconfiança, como se toda a sua bela aparência não condissesse com sua verdadeira essência.

Apesar de não estar feliz com o noivado arranjado e do que sentia na presença do noivo, Vilma não teve coragem de contrariar o pai e, cerca de seis meses após o jantar de noivado, o casamento foi oficializado. Depois de uma cerimônia religiosa na igreja da cidade, todos os convidados foram recebidos em uma grande festa na fazenda de Joaquim.

Mesmo não estando feliz com o seu casamento, o que mais entristeceu a jovem foi a ausência de seu amado irmão em seu casamento. Quando crianças, Vilma e Pedro sempre planejavam construir uma família unida e feliz quando crescessem, prometendo um ao outro que sempre estariam presentes na vida um do outro e que nunca permitiriam que alguém os machucassem. Além disso, Vilma estava apreensiva com o fato de ter que se mudar para a fazenda da família do marido que ficava em outro município. Ela temia se distanciar de sua mãe e, não fosse pela certeza de que Bernardo a protegeria, não conseguiria partir.

Distante da mãe, Vilma sabia que se sentiria entre estranhos e seu único consolo eram os sonhos que, constantemente, tinha com o irmão. Apesar de muitos acreditarem que Pedro estivesse morto, ela alimentava em seu coração a certeza de que ele estava preso em algum lugar e orava toda noite para que Deus o protegesse.

Caminhando no escuro

SEM OS FILHOS em casa, Júnia se entregava cada vez mais à tristeza e, como a chama de uma vela que se apaga, todo o brilho de seu olhar parecia ter se extinguido. Embora a presença de Bernardo trouxesse um pouco de paz ao seu coração, os abusos físicos e emocionais por parte do marido ainda eram constantes. Para evitar o confronto com o irmão, Joaquim não agredia sua esposa durante o dia, contudo, à noite, quando estavam sozinhos no quarto, ninguém podia defendê-la.

Certa tarde, cerca de dois meses após o casamento da filha, Joaquim chegou em casa totalmente bêbado e encontrou a esposa tricotando na sala de estar. Percebendo o estado do marido e temendo que ele pudesse agredi-la de alguma forma, Júnia permaneceu em silêncio e não teceu nenhum comentário ao vê-lo entrar na sala cambaleando, nem mesmo quando ele tropeçou no tapete e caiu com tudo no chão.

– Quem colocou esse maldito tapete aqui? Foi você, não foi? – balbuciou o fazendeiro olhando para a esposa.

Com medo de responder, Júnia se levantou e, em silêncio, ajudou-o a se levantar do chão.

- Você deve estar rindo por dentro, não é? Eu sei que me odeia, principalmente depois de eu ter sumido com o mariquinha do seu filho - confessou enraivecido, percebendo, quase automaticamente, que havia falado demais.

- O quê? - indagou Júnia aterrorizada, afastando-se dele. - O que você fez com o meu filho?

- Quer saber?! Cansei de tentar ficar escondendo a verdade. Realmente fui eu quem o levou embora.

Angustiada, imaginando o que ele poderia ter feito contra o filho, Júnia foi tomada pelo desespero e, pegando a agulha de tricô em cima do sofá, partiu para cima do marido.

- O que você fez? Onde está o meu filho? - gritou apontando a agulha em direção ao marido.

De forma insensível e cruel, Joaquim riu de sua esposa e, esbofeteando-a com força, jogou-a no chão. Sem forças físicas e emocionais para reagir, ela permaneceu no chão e caiu em prantos.

Alertado por um dos empregados que havia percebido o quão bêbado o patrão estava quando retornou à fazenda, Bernardo seguiu à casa sede o mais rápido que pôde. Ao subir as escadas da varanda, ele gritou pelo nome do irmão que, não querendo entrar em outra discussão, deixou sua esposa caída no chão e saiu às pressas pela porta da cozinha.

- Meu Deus! O que aconteceu? - Indagou bernardo ao se deparar com a cunhada aos prantos no chão da sala. - Ele a machucou?

Tomada pelo desespero e com a voz embargada pelo choro, ela tentou falar, mas apenas conseguiu emitir alguns soluços e gemidos. Preocupado, ele ajudou a cunhada a se levantar e a amparou até o sofá.

- Feche os olhos e apenas respire - pediu Bernardo em uma tentativa de acalmá-la.

Seguindo o conselho do cunhado, ela conseguiu se acalmar e, angustiada, declarou:

– Ele fez alguma coisa com o Pedro.

– O quê? – perguntou confuso.

– Eu não sei o que realmente aconteceu, mas ele me falou que foi o responsável pelo desaparecimento de Pedro. Bernardo, você acha que seu irmão seria capaz de matar o próprio filho? – questionou ela desesperada, voltando a chorar copiosamente.

– Não! Eu não acredito que ele seria tão vil. Quando ele voltar, conversarei com ele e tudo ficará esclarecido.

Abraçando a cunhada com carinho, ele não conseguiu conter as lágrimas e pensou: "Meu Deus! Não pode ser, ele não pode ter feito isso contra o próprio filho".

* * *

COM MUITA DIFICULDADE, Joaquim cavalgou até o bordel, chegando ao local no início da noite. Certificando-se de que ainda não havia clientes, ele entrou discretamente na casa e encontrou Marta na sala principal.

– Chegou cedo, as meninas estão terminando de se aprontar – comentou a mulher ao fitar Joaquim com um olhar malicioso. – Terá que se contentar comigo, por enquanto.

Ainda sob efeito das diversas doses de aguardente que bebeu durante todo o dia, Joaquim foi mais grosseiro que o de costume e, tomando o copo de *whisky* da mão de sua anfitriã, falou com desdém e sarcasmo:

– Marta, eu já lhe disse que gosto das novinhas. Mesmo com toda essa maquiagem, você não consegue esconder a sua idade. Até a minha esposa que não tem um pingo de vaidade é mais bonita que você.

Sentindo-se extremamente ofendida, ela não conseguiu disfarçar sua irritação e, virando as costas para ele, seguiu em direção ao quarto onde Eliza terminava de se maquiar.

– Joaquim está na sala – expôs Marta ao entrar no quarto e trancar a porta. – E parece estar totalmente bêbado.

- Sério?! - disse a jovem enojada. - Eu sei que paga bem, mas eu não suporto a forma como ele nos trata.

- Ele realmente é intragável - concordou com raiva. - É por isso que quero que faça algo por mim. Quero que coloque isso na bebida que servir a ele - explicou entregando à jovem um pequeno frasco que retirou do bolso escondido na parte interna de seu vestido.

- O que é isso? Eu não quero arrumar problemas para mim! - exclamou assustada.

- Acalme-se, isso só vai fazer com que ele tenha problemas intestinais e passe mal por alguns dias, nada demais.

Convencida pelas palavras da patroa, Eliza pegou o frasco e guardou na gaveta da mesa de cabeceira. Ela ficou satisfeita em saber que Joaquim passaria por maus bocados e riu ao imaginar como ele voltaria cavalgando para casa com dor de barriga. O que ela não imaginava é que Marta havia mentido e que o líquido dentro daquele pequeno frasco era um veneno que ela havia conseguido com um antigo cliente.

Com um ar de superioridade, Marta saiu do quarto e seguiu para sala, onde encontrou Joaquim impaciente e irritado.

- Por que me deixou falando sozinho? Isso lá é forma de tratar um cliente?

- Acalme-se, fui averiguar se Eliza já estava pronta para recebê-lo. Sei que tem preferência por ela e quis agradá-lo - explicou com um sorriso maquiavélico no rosto.

Acreditando que teria uma noite agradável, Joaquim não perdeu tempo e subiu para o quarto.

Cerca de uma hora depois, Eliza desceu as escadas aos prantos em busca da patroa. Nenhuma das meninas que trabalhavam no bordel ou dos poucos clientes que já haviam chegado estranhou a cena, pois todos já sabiam que ela estava com Joaquim e não era incomum que ele abusasse fisicamente das meninas que o atendiam. Marta, no entanto, sabia que todo aquele desespero tinha outro significado e arrastou Eliza de volta para o quarto, onde encontrou o corpo de Joaquim estirado sobre a cama.

- Temos que chamar um médico! - exclamou a jovem assustada.

- Não adiantaria, acho que ele está prestes a morrer - constatou a cafetina ao averiguar os sinais vitais do fazendeiro e perceber que ele mal respirava.

- A senhora me disse que ele passaria mal e nada mais - gritou desesperada.

- Cale a boca! Quer que as pessoas saibam que você envenenou um dos clientes?

- Envenenei? Aquilo era um veneno?

- Sim - afirmou de forma fria. - Quanto deu a ele?

- Ai, Meu Deus! Eu coloquei todo o conteúdo do frasco no *whisky* dele.

Além dos Espíritos vampirizadores[22] que eram presença constante no bordel, no quarto havia vários desafetos Espirituais de Joaquim, os quais se compraziam com o seu sofrimento e esperavam ansiosamente pela oportunidade de levá-lo com eles. Os Benfeitores Espirituais, por outro lado, tentavam auxiliar a equipe de desenlace[23] emanando energias positivas e mantendo um bloqueio ao redor de seu corpo, evitando que a turba de Espíritos raivosos o alcançasse.

Mesmo sem conseguir agir sobre o seu corpo material, Joaquim conseguiu ouvir parte da conversa entre as mulheres e foi tomado pelo ódio. Com o intuito de tentar conscientizar Joaquim de sua responsabilidade diante da situação e auxiliá-lo a compreender que seus pensamentos e sentimentos o guiariam por

22 Os Espíritos vampirizadores ou vampiros são desencarnados que ainda se mantém ligados aos prazeres materiais, tais como os vícios (fumo, drogas, bebida alcoólica, sexo, jogos etc.), e absorvem os fluidos emanados pelos encarnados que mantêm tais comportamentos.

23 Equipes de desenlace ou de desligamento são compostas por trabalhadores espirituais responsáveis pelo desligamento entre os corpos material e perispiritual durante o desencarne. O processo de desligamento é complexo e varia de acordo com a forma de desencarne e com o merecimento do desencarnante.

caminhos cada vez mais tortuosos, o seu Mentor Julião lhe transmitia palavras de conforto e esclarecimento que foram totalmente bloqueadas pelos sentimentos alimentados pelo fazendeiro. Percebendo que as emanações positivas pareciam não alcançar Joaquim naquele momento, o Mentor tentou preservá-lo de presenciar toda aquela movimentação espiritual ao seu redor, fazendo-o cair em um sono profundo.

Angustiado diante da situação de Joaquim, André, um dos aprendizes que estava ali para angariar entendimento, questionou Julião:

- Será que não conseguiremos levá-lo conosco hoje?

- Tentamos tudo o que podíamos, entretanto, mesmo diante de seu desencarne, a única coisa em que ele consegue pensar é em vingança - respondeu Julião com um suspiro de tristeza.

- Não poderíamos levá-lo contra a vontade e colocá-lo em sono de refazimento no Posto de Atendimento?

- Sim, poderíamos. Contudo, só fazemos isso quando é estritamente necessário.

- Então, Joaquim será um dos casos em que o Espírito ficará preso ao seu corpo material? - indagou entristecido.

- Pessoas muito materialistas que alimentam sentimentos negativos mantêm seu corpo perispiritual impregnado por fluidos animalizados, o que dificulta o processo de desligamento.

- Mas, a equipe de desenlace já não está aqui?

- Sim. Eles iniciaram o desligamento, todavia, a conexão material causada pela impregnação que eu citei, ainda demorará alguns dias para se desfazer.

- Eles não poderiam forçar essa separação?

Com muita paciência e carinho, Julião respondeu o questionamento de André que, angustiado, tinha os olhos marejados.

- Sim, poderiam. No entanto, isso seria extremamente impactante para Joaquim e só o submeteríamos a esse processo drástico se não houvesse alternativa. Contudo, não se preocupe, pois todos passam pelo sono de refazimento, mesmo quando permanecem ligados ao corpo material. Durante esse breve período de dormência e também depois que recobrar a consciência, nós faremos de tudo para auxiliá-lo.

- Como ele pode ter um sono de refazimento adequado rodeado por irmãos que só pensam em fazê-lo sofrer?

- Exatamente por quererem o seu sofrimento é que eles não gastarão energia tentando fazer algo com ele enquanto ainda estiver desacordado. Além disso, todo esse processo pode auxiliá-lo a compreender que suas ações foram equivocadas e que precisa mudar - explicou o Mentor com serenidade. - André, sei que ainda o vê como seu filho e o quanto o ama, mas preciso que seja forte, pois sabemos que ele não mudará de comportamento com facilidade.

- A culpa é minha, eu devia ter me esforçado mais. Não dei a ele a criação que devia e não pude protegê-lo das atrocidades que sofreu na infância.

- Você o criou da melhor forma que podia. Ademais, se a sua criação fosse o problema, Bernardo não teria se tornado um bom homem, visto que você sempre os tratou da mesma forma.

Com tristeza pela situação de Joaquim, André assentiu com a cabeça e voltou a orar por seu querido filho.

A equipe de desenlace realmente não foi capaz de separar totalmente Joaquim de seu corpo material, porém o líder da equipe informou a Julião que, em alguns dias, isso aconteceria. Como o Mentor havia previsto, Cézar, o líder do grupo de Espíritos influenciadores que esperavam ansiosamente pelo desencarne de Joaquim, decidiu não agir contra ele enquanto estivesse desacordado, mas pediu que alguns de seus capangas acompanhassem o corpo para onde quer que ele fosse levado, pois quando a separação efetivamente ocorresse, eles tentariam arrastá-lo com eles.

Sem perceber a presença de Julião e dos demais que continuavam emanando energias positivas a Joaquim, os subalternos de Cézar passaram a proteger o corpo, não deixando que Espíritos vampirizadores se aproximassem.

* * *

APÓS CONSTATAR QUE Joaquim finalmente havia morrido, Marta e Eliza o trancaram no quarto e esperaram até o dia seguinte. Com ajuda de um "faz-tudo" que trabalhava no bordel, elas levaram o corpo até o rio mais próximo e o jogaram na água, amarrando seu cavalo em uma árvore próxima.

Combinando suas histórias, caso fossem procuradas pela polícia, elas planejaram dizer que ele foi o último cliente a sair do bordel e que parecia estar passando mal devido ao excesso de álcool, sendo que, provavelmente, parou no caminho para beber água e acabou morrendo ao cair no rio.

O corpo de Joaquim foi encontrado cerca de duas semanas após o seu desencarne e, apesar de terem surgido muitos boatos dizendo que ele poderia ter sido assassinado, a polícia concluiu que se tratava apenas de um acidente infeliz.

Embora não amasse o marido e sofresse muito com o seu comportamento agressivo, Júnia ficou triste e angustiada com sua morte, principalmente, por agora ter certeza que nunca saberia o que realmente havia acontecido ao filho. Bernardo ficou arrasado com a morte repentina do irmão e, mesmo sem admitir a ninguém, culpava-se por não ter conseguido auxiliá-lo a se tornar uma pessoa melhor. Vilma lamentou a morte do pai e passou a orar intensamente para que Deus tivesse piedade de sua alma. Não querendo levar mais sofrimento à sua filha, Júnia nunca contou a ela sobre a confissão de Joaquim sobre o desaparecimento de Pedro.

Com o passar do tempo, os sentimentos de Bernardo por sua cunhada ainda o afligiam e, se antes ele tentava escondê-los em respeito ao irmão, agora o fazia por receio de como ela reagiria quando descobrisse. Embora estivesse em um casamento infeliz, Júnia nunca havia demonstrado a intenção de se separar do marido e também não havia demonstrado interesse por Bernardo ou qualquer outro homem.

Exatamente seis meses após o enterro de Joaquim, Bernardo chegou em casa após um dia duro de trabalho e encontrou Júnia chorando no sofá da sala.

– Aconteceu alguma coisa? – perguntou preocupado.

Envergonhada ao ser surpreendida pelo cunhado, ela enxugou as lágrimas e, levantando-se do sofá, desconversou.

– Não é nada. Pode tomar o seu banho, vou esquentar o seu jantar.

Segurando-a pelo braço, Bernardo olhou diretamente em seus olhos e insistiu:

– O que aconteceu? Está assim por causa de Joaquim? Sei que hoje faz seis meses que ocorreu o funeral, imagino o quanto deva estar triste.

– Apesar de tudo, nunca desejei mal ao seu irmão. Entretanto, nunca o amei de verdade.

– Sei que foi um casamento arranjado, mas pensei que, talvez, você tivesse aprendido a amá-lo com o tempo. Afinal, você suportou tantas coisas durante esses anos! – exclamou confuso.

– Você realmente acha que eu suportei todos os maus-tratos por amá-lo? Eu fiz isso porque não via outra opção. O que as pessoas falariam de mim? E para onde eu iria com duas crianças? – indagou entristecida. – Além disso, sempre tive medo do que o seu irmão pudesse fazer comigo e com as crianças, caso eu decidisse abandoná-lo.

– Sinto muito! Ninguém deveria viver dessa forma – concluiu com pesar.

– Eu só amei um homem em minha vida, todavia quando fui obrigada por meus pais a me casar com Joaquim, convenci-me de que deveria esquecê-lo.

Enciumado ao ouvir Júnia falar de um amor do passado, ele se sentou no sofá e comentou:

– Bom, agora você está viúva, talvez possa, finalmente, ter o amor que merece ao lado desse homem misterioso.

– Acredito que não, pois nunca contei a ele que o amava.

– Por isso que estava chorando? Estava pensando nesse tal homem?

– Também. Entretanto, existem outras coisas que me angustiam, como não saber o que aconteceu com Pedro e sempre temer que o casamento de Vilma não a faça feliz.

Ainda tomado pelo ciúme, Bernardo voltou a tocar no assunto do antigo amor de Júnia.

– Eu conheço esse homem? Ele é das redondezas?

– Sim. Contudo, temo que ele não me ame. Afinal, ele também é viúvo e embora sempre estivesse por perto e já tenha tido várias oportunidades de se declarar, ele não o fez.

"Meu Deus! Ela está falando de mim? Não, não pode ser! Isso deve ser coisa da minha cabeça" – pensou Bernardo descrente.

Acreditando que realmente não era correspondida, Júnia abaixou o olhar e, triste, pensou: "Que ingenuidade a minha achar que essa conversa pudesse ter algum resultado. Ele realmente não gosta de mim".

– Eu vou esquentar o seu jantar – disse ela de forma melancólica, ao mesmo tempo que seguia para a cozinha.

Tomando coragem para testar a hipótese de que a cunhada estivesse falando dele, Bernardo se levantou e questionou:

– Sou eu? Você estava falando de mim?

Sem dizer uma só palavra, Júnia se virou para ele e apenas sorriu.

– Você está falando sério? – ele indagou ainda incrédulo.

– Desculpe-me se não sente nada por mim, mas essa é a verdade, eu o amo antes mesmo de me casar com o seu irmão.

Com alguns passos largos, Bernardo se aproximou de Júnia e, envolvendo-a em seus braços, disse sorrindo:

– Você está brincando?! Sem me dar conta, eu estava morrendo de ciúmes de mim mesmo. É lógico que eu a amo.

Embora Júnia ainda carregasse a dor pela ausência do filho, após esse dia sua vida se tornou mais leve e ela voltou a ter um motivo para sorrir. Com as bênçãos de Vilma, a união entre eles foi oficializada cerca de seis meses depois.

12

A chama que não se apaga

A CADA ANO que passava, Pedro percebia o quanto o trabalho que ele e Ezequiel abraçaram era difícil. Por diversas vezes, duvidou da própria sanidade, julgando que sua fé em um Deus misericordioso e em uma Equipe Espiritual auxiliadora poderia ser fruto de sua imaginação sedenta por um motivo para não desistir de tudo e dar fim em todo aquele sofrimento. Entretanto, mesmo com dúvidas e medos, já haviam se passado cinco anos desde a sua chegada no Colônia e Pedro ainda se mantinha como fiel escudeiro de Ezequiel.

Discretamente, os amigos tentavam fortalecer a fé de seus companheiros de pavilhão e de todos os internos que conseguiam ter acesso. Sempre com auxílio da equipe de Benfeitores Espirituais, eles levavam os ensinamentos de Jesus, mostrando que nenhum deles fora abandonado e que todo aquele suplício seria recompensado se conseguissem enxergar os aprendizados que, constantemente, eram ofertados pela vida.

Apesar de muito magros e debilitados, eles continuavam a se colocar à disposição para os trabalhos externos, o que lhes dava oportunidade de ver o mundo exterior e de conseguir algo que pudessem compartilhar com outros internos. Além do que conseguiam em seus trabalhos, muitas vezes abriam mão de parte de seu pouco alimento em favor de irmãos mais fracos ou doentes.

Após anos de confinamento e maus-tratos, todo interno apresentava um semblante doente, contudo, já fazia algumas semanas que Pedro percebia que seu amigo e guia estava mais abatido e cansado do que o normal. Em uma tarde fria, Pedro se aproximou do amigo que estava sentado em um banco de concreto e questionou:

- Ezequiel, está tudo bem?

- Na verdade, não. Estou com muita febre - respondeu em meio à tosse. - Além disso, estou com muita dificuldade de respirar.

Pedro colocou a mão sobre a testa do amigo e, apreensivo, constatou que sua temperatura estava alta. Preocupado, ele tirou a camisa, que agora estava em farrapos, e a entregou a Ezequiel.

- Vista-se, você deve estar morrendo de frio.

Fitando o corpo esquálido do amigo, ele pensou em recusar, mas o frio que sentia devido à febre era intenso então ele aceitou e a vestiu.

- Eu devia ter pensado nisso quando usei a minha camisa para alimentar a fogueira no último inverno - disse Ezequiel tentando rir.

- Eu me lembro, aquela noite foi a mais fria que tivemos desde que cheguei aqui. Provavelmente, alguns dos internos teriam morrido de frio não fosse por sua boa ação.

- Não exagere! Fiz o que achava certo - afirmou em meio à tosse.

Nesse momento, Ezequiel desviou seu olhar para um outro interno que rastejava pelo chão do pátio. Preocupado, ele se levantou com dificuldade e disse:

- Venha, branquelo, precisamos ajudar o Zé.

- Deixe que eu vou, você precisa descansar.

- Por um momento, pensei em lhe dizer que descansaria quando morresse, mas acredito que, mesmo desencarnados, continuaremos a trabalhar - concluiu sorrindo.

- Será que nunca descansaremos? - questionou rindo.

- Quem faz caridade de coração não se cansa.

Aproximando-se de José, os rapazes se abaixaram ao seu lado e Ezequiel sussurrou:

- Zé, aconteceu alguma coisa?

Tentando controlar o choro, o homem respondeu:

- Não sei. Já faz uns dias que estou sentindo um formigamento nas pernas, mas hoje está pior. Elas doem demais e não estão respondendo aos meus comandos. Agora há pouco, eu estava sentado e, quando tentei me levantar, acabei caindo no chão.

- Acalme-se, Zé, vamos ajudá-lo - disse Ezequiel acenando com a cabeça para Pedro. - Vem, branquelo, ajude a levar o Zé para baixo da marquise, pois o céu está fechado e logo pode começar a chover.

Os dois rapazes amparam José até próximo à porta do dormitório, sentando-o de forma mais confortável.

Enquanto Pedro massageava as pernas do homem, Ezequiel falava a ele sobre a necessidade de elevarmos nossos corações a Deus, compreendendo que a dor pode ser uma ferramenta maravilhosa de aprendizado. Sentindo um pouco de alívio em suas dores físicas e emocionais, José tirou um pedaço de pão do bornal e ofereceu a Ezequiel e Pedro como pagamento.

- Não está com fome? - questionou Ezequiel preocupado.

- Não, eu estou bem - respondeu agradecido.

Agradecendo José com um sorriso sincero, Ezequiel pegou o pedaço de pão e, em silêncio, levantou-se e seguiu em direção a outro interno que, encolhido em um canto do pátio, cantava baixinho uma antiga moda de viola. Com carinho, Ezequiel entregou o pedaço de pão ao interno que, com os olhos marejados, aceitou e agradeceu com um sorriso.

– Eu dei o pão para que vocês comessem – reclamou José confuso, direcionando o olhar para Pedro.

– O Baiano passou muito mal durante o dia inteiro e acabou perdendo o horário do café da manhã e do almoço. Ele só tem no estômago os dois pedaços de pão que eu e Ezequiel separamos do nosso café da manhã.

Comovido com a ação de Ezequiel e Pedro, José apenas sorriu e agradeceu a Deus por não estar sozinho naquele lugar tão hostil.

* * *

COM O PASSAR das semanas, a saúde de Ezequiel só piorava e ele já não conseguia acompanhar os demais internos nos trabalhos fora ou dentro do Hospital Colônia. Muito debilitado, ele respirava com muita dificuldade e sua febre parecia cada vez mais alta.

Em uma tentativa desesperada de buscar recursos para o amigo, Pedro procurou uma enfermeira recentemente contratada pelo hospital e implorou por qualquer tipo de ajuda médica.

– O que ele tem? – indagou a enfermeira preocupada.

– Está com febre alta há algumas semanas, dificuldade de respirar e dores no peito – respondeu angustiado.

– Vou ver o que posso fazer – prometeu a enfermeira, virando as costas para Pedro e seguindo pelo corredor.

Após algumas horas, Pedro acendia uma fogueira improvisada com um pouco de palha na tentativa de manter o amigo aquecido, quando, ao olhar para a porta que levava aos dormitórios, viu a jovem enfermeira que, discretamente, acenava para ele com a cabeça.

Certificando-se de que não havia outros funcionários por perto, ele caminhou até a ela, rezando para que o amigo pudesse receber algum tipo de ajuda.

– Desculpe-me, eu realmente queria ajudar mais – disse a mulher com os olhos marejados, enquanto estendia a mão e lhe entregava alguns comprimidos. – Nós não temos medicação disponível para o seu amigo, todavia me lembrei de que tinha esses antitérmicos e analgésicos em minha bolsa. Eu perguntei à outra enfermeira se não poderíamos tratar o seu amigo de forma mais eficiente, mas ela pareceu não me dar ouvidos.

– Não se desculpe, o que está fazendo por nós é muito mais do que qualquer outro enfermeiro fez até agora. Meu amigo já está delirando de febre e acho que a medicação pode ajudá-lo. Eu a agradeço muito – disse Pedro de forma amável, pouco antes de virar as costas para a enfermeira.

– Espere! – exclamou a senhora tirando um embrulho do bolso do vestido e entregando a ele. – Assei um pão hoje cedo e trouxe um pouco para o café da tarde. Dê ao seu amigo, ele precisa comer.

Comovido com a atitude da enfermeira, Pedro não conseguiu conter uma lágrima teimosa que rolou de seu rosto.

– Que Deus lhe pague. Tenha cuidado com os outros funcionários, existem alguns guardas que não gostam quando as enfermeiras nos tratam bem.

Enquanto caminhava em direção a Ezequiel, ele aproximou o embrulho do rosto e foi envolvido por um sentimento nostálgico que lhe levou às lágrimas. O cheiro o fez lembrar do pão que sua mãe assava quase todas as manhãs e ele se deu conta da imensa saudade que sentia da mãe e da irmã.

Após dar um analgésico e um antitérmico ao amigo, Pedro guardou os demais comprimidos e o pedaço de pão em seu bornal e começou a cantarolar baixinho uma música que sua mãe cantava para ele e a irmã quando crianças.

Passadas algumas horas, Ezequiel abriu os olhos e viu o amigo rezando ao seu lado.

– Já é noite? – indagou se sentando com dificuldade.

Surpreso, Pedro sorriu ao ver que o amigo parecia melhor.

- Sim, tentei chamá-lo para jantar, mas você não respondeu.

- Espero que não tenha deixado de comer por minha causa - comentou preocupado.

- Não, mas quase o fiz.

- E do que adiantaria? Seriam os dois com fome.

- Tome, coma isso - disse ele tirando o embrulho de seu bornal. Ao abrir o embrulho, Ezequiel se surpreendeu com o cheiro maravilhoso que ainda era emanado pelo pão.

- Esse pão parece fresquinho. De onde tirou isso? - questionou confuso em meio à tosse.

- Eu pedi ajuda àquela nova enfermeira e ela me deu esse pedaço de pão e alguns comprimidos para a sua febre e dor - ele explicou, mostrando ao amigo os comprimidos dentro de seu bornal.

- Cuidado, não quero que você ou uma enfermeira bem-intencionada sejam punidos por minha causa.

- Eu disse a ela para ter cuidado com os guardas. Mas, tenho que confessar que é a primeira vez que vejo tanta bondade nos olhos de um funcionário do Colônia.

- Os funcionários não são nossos inimigos. Por ignorância moral, infelizmente, alguns se comprazem com o nosso sofrimento. Entretanto, muitos deles se compadecem com a nossa situação, porém acreditam que não podem fazer nada a respeito. Eles têm medo de perder seus empregos ou sofrerem algum tipo de retaliação - explicou Ezequiel de forma serena. - E aí, branquelo, quer um pedaço de pão?

- Não, acabei de tomar minha deliciosa sopa sem tempero - ironizou Pedro. - Coma todo o pão, mais tarde lhe darei mais comprimidos.

Após comer o pão, Ezequiel olhou seriamente para o amigo e disse:

- Preciso conversar com você sobre algo importante, contudo, quero que me prometa que ouvirá com atenção e não se deixará levar por sentimentos negativos.

- O que foi? - perguntou preocupado.

- O que eu tenho não será curado com esses comprimidos e, provavelmente, não permanecerei por muito tempo na matéria.

- O quê!? - exclamou apreensivo.

- Branquelo... - Ezequiel parou e, após alguns segundos, continuou. - Eu nunca o questionei, você se incomoda em ser chamado assim?

- Claro que não! Mas não mude de assunto, o que quis dizer com "não permanecerei por muito tempo na matéria"?

- Há algo de muito errado com os meus pulmões e sei que desencarnarei em breve. Eu sei que você ficará triste, no entanto, preciso saber se continuará ajudando os internos enquanto puder.

- Como sabe disso?

Com um sorriso de canto de boca, Ezequiel olhou diretamente nos olhos do amigo, o qual compreendeu que ele havia recebido tal informação de seus Amigos Espirituais. Entristecido, Pedro abraçou o amigo e, em lágrimas, respondeu:

- Eu prometo que continuarei com o nosso trabalho, principalmente, porque sei que continuará me ajudando de onde quer que esteja.

Aliviado pela reação do amigo, Ezequiel olhou para o lado e viu Áurea que, comovida ao ver o quanto o seu tutelado estava crescendo, sorriu para o jovem.

13 Iluminando caminhos

MENOS DE UM mês após avisar Pedro de seu iminente desencarne, Ezequiel deixou a matéria. Seu corpo enfraquecido pela fome e pelos maus-tratos foi incapaz de vencer a grave pneumonia que desenvolvera e, durante uma noite de inverno, finalmente retornou ao Plano Espiritual.

Pedro, que havia dormido abraçado ao amigo na tentativa de aquecê-lo, acordou às três da manhã e, inconsolável, percebeu que Ezequiel havia retornado ao Lar Espiritual. Buscando forças, ele ficou ao seu lado em oração até às cinco da manhã, quando os guardas levaram o seu corpo.

Abatido, Pedro se recusou a trabalhar e passou todo dia no pátio, à espera do momento em que poderia enterrar o seu amigo. No início da tarde, ele e mais alguns homens seguiram com a carrocinha fúnebre até o Cemitério do Cascalho, carregando Ezequiel e os corpos de outros cinco internos, os quais haviam falecido durante a semana e aguardavam no necrotério do Hospital Colônia.

Contrariando o seu comportamento usual, o guarda se afastou propositalmente dos homens e permitiu que se despedissem do amigo em paz. Emocionado, Pedro disse algumas palavras e orou com toda a fé, pedindo a Deus forças para que perseverassem na jornada árdua de crescimento que os internos do Colônia trilhavam.

Naquela noite, Pedro se reuniu com alguns internos no pátio e fizeram um Pai Nosso coletivo em nome de Ezequiel e todos aqueles que haviam padecido dentro da Instituição.

Nos dias que seguiram, Pedro intensificou suas orações, sempre pedindo a Deus pelo restabelecimento de Ezequiel no Plano Espiritual e para que a dor pela perda do amigo não o fizesse fraquejar em seu intuito de levar o auxílio aos seus companheiros internos.

* * *

UMA SEMANA DEPOIS do desencarne de Ezequiel, Pedro havia acabado de se deitar e iniciado suas orações, quando, vencido pelo cansaço, caiu no sono.

Emancipado, ele se viu novamente no jardim que sempre visitava e, caindo de joelhos, entregou-se ao choro quando percebeu um homem se aproximando.

- Poxa! Achei que ficaria mais feliz em me ver - brincou Ezequiel se abaixando em frente ao amigo.

- Como sinto sua falta! - exclamou entre lágrimas e soluços. - Eu sei que desencarnou há apenas uma semana, mas meu coração dói em imaginar que terei que viver sem você a partir de agora.

Acariciando o rosto do amigo, Ezequiel sorriu e, carinhosamente, disse:

- Quem lhe disse que viverá sem mim? Estarei ao seu lado assim que me for permitido.

Ajudando Pedro a se levantar, Ezequiel o guiou até a margem do lago, onde se sentaram um ao lado do outro.

- Pedro, eu sei que será difícil, mas seu trabalho é muito importante.

- Por favor, continue a me chamar de branquelo - pediu o rapaz enxugando as lágrimas.

Após uma risada gostosa e contagiante, Ezequiel fitou o amigo e, serenamente, explicou:

- Então, branquelo, preciso que continue o nosso trabalho, contudo, assim como Cristóvão e eu fizemos, quero que busque alguém para auxiliá-lo. Mantenha sua mente aberta e logo reconhecerá aquele que seguirá os seus passos.

Abraçando o amigo com carinho, Pedro se deu conta de como ele estava diferente. Forte e saudável, em nada se assemelhava à sua aparência no Colônia, principalmente, a de seus últimos dias de vida material: esquálido, com olheiras profundas e mal conseguindo se manter em pé.

- Quando desencarnamos, as lesões materiais não nos acompanham? - questionou curioso.

- Se as lesões forem apenas materiais, elas não seguem conosco. Entretanto, as lesões causadas pelos sentimentos negativos e por comportamentos moralmente inadequados ficam marcadas em nosso ser perispiritual e, portanto, permanecerão conosco no Plano Espiritual. Por isso, quero que se mantenha firme na fé e cultive apenas sentimentos e pensamentos que estejam de acordo com os ensinamentos cristãos. Outra coisa: tente parar de fumar.

- Vou tentar, mas você sabe que é difícil, uma vez que o cigarro me ajuda a enganar a fome e o frio.

- Eu sei, por isso ninguém o julgará se não conseguir. Todavia, tente não criar uma muleta que possa lhe trazer prejuízos futuros.

Assentindo com a cabeça, Pedro fitou o amigo com imenso carinho e disse:

- Eu não imaginei que fosse vê-lo tão cedo. Certa vez, você me disse que demoramos um tempo até nos restabelecer do desencarne e poder visitar nossos amigos na matéria. Como pode estar tão bem?

– O tempo de recuperação do processo de desencarne varia de pessoa para pessoa, pois depende da nossa maturidade moral e emocional. As minhas experiências passadas me permitiram uma recuperação rápida, mas não se engane, ainda terei que me readaptar totalmente ao Plano Espiritual.

Sentados na margem do lago, os amigos continuaram a conversar durante horas. Ezequiel trazia conselhos sobre como continuar a jornada de auxílio e esclarecia todas as dúvidas levantadas por Pedro.

Ao acordar, Pedro se lembrou com nitidez do encontro que tivera com o amigo e, feliz, levantou-se disposto a continuar a sua jornada de crescimento Espiritual, lutando contra todas as adversidades e se mantendo firme em seus propósitos.

* * *

CUMPRINDO SUA PROMESSA, Pedro parou de fumar e continuou auxiliando física e emocionalmente os companheiros internos.

Cerca de um ano após o desencarne de Ezequiel, ele conheceu o recém-chegado Marcelo, um jovem de apenas quinze anos que havia sido internado pelo padrasto após a morte de sua mãe. Garoto inteligente e amável, ele discordava da forma com que sua mãe era tratada pelo segundo marido e, após cogitar a possibilidade de que a morte dela teria sido causada pelo padrasto, foi internado sob pretexto de um comportamento violento e compulsivo.

A afinidade entre Marcelo e Pedro foi quase instantânea e logo eles ficaram amigos. Pedro, agora com vinte e três anos, sempre levava conselhos ao novo amigo, tentando fazer com que ele compreendesse que a revolta não o ajudaria. Inicialmente, o adolescente não lhe deu ouvidos e chegou a passar por uma sessão de eletrochoque por revidar as agressões que recebia dos guardas. Com o tempo, no entanto, ele compreendeu que enfrentar os guardas e enfermeiras não traria bons frutos e, mesmo contrariado, passou a seguir os conselhos de Pedro.

Percebendo que o jovem tinha uma criação muito católica, Pedro passou a ensiná-lo sobre as Leis Morais de uma forma sutil, sempre fazendo referência às passagens bíblicas e evitando mencionar a Espiritualidade de uma forma mais direta. Sedento por aprender, logo Marcelo passou a acompanhar Pedro nos aconselhamentos aos internos e também a dividir o pouco que tinha com aqueles que mais precisavam.

Além do apoio direto de Ezequiel e Áurea, que estavam sempre ao seu lado, Pedro também se fortalecia nos encontros com sua irmã durante a emancipação, nos quais ela contava a ele sobre as novidades da fazenda.

* * *

ERA INÍCIO DA década de 60 e Pedro já estava internado no Colônia há mais de uma década. O inverno chegava ao seu auge e aglomerados na tentativa de se manterem aquecidos, os internos esperavam na fila pelo café da manhã. Apesar de sentir o seu torso nu sendo cortado pelo vento gelado, Marcelo estava mais preocupado em descobrir onde estava o seu amigo que havia saído repentinamente da fila. Já fazia alguns dias que Pedro apresentava uma febre insistente e, comovido, Marcelo o havia cedido a camisa para amenizar o frio.

Após tomar, rapidamente, o seu café e comer metade do seu pão, o garoto guardou a outra metade em seu bornal e seguiu à procura de Pedro, encontrando-o próximo ao local onde os internos faziam suas necessidades.

– O que aconteceu? – indagou o jovem preocupado. – Só não deixei a fila para poder lhe trazer algo para comer.

– Pode comer o que trouxe para mim – respondeu Pedro escorando-se na parede. – Nada vai parar em meu estômago agora.

– O que está sentindo?

– Tenho vômito e diarreia. Estou assim já há alguns dias, mas hoje parece pior, pois percebi que estou evacuando sangue.

– Venha, vamos arrumar um pouco de água para você.

Após beber água e se forçar a comer o pedaço de pão guardado por seu amigo, Pedro se deitou no chão do pátio, aproveitando o sol que discretamente aparecia. Cansado e enfraquecido, ele tentou fazer uma oração, mas acabou adormecendo.

Com o passar das semanas, o estado de saúde de Pedro só piorava. Em um estado constante de diarreia e vômito, ele ficava cada vez mais fraco e Marcelo passou a se dedicar aos cuidados com o amigo quase vinte e quatro horas por dia.

Sem forças até mesmo para pregar a palavra de Jesus, Pedro passou a ser um ouvinte dos discursos cheios de compaixão e esperança que Marcelo, discretamente, oferecia aos internos.

* * *

EM UMA DETERMINADA noite, Pedro dormia profundamente quando ouviu uma voz amiga.

– Branquelo?!

Ele abriu os olhos e viu o rosto de Ezequiel que, sentado ao seu lado, acariciava sua cabeça. Confuso, ele tentou falar, mas as palavras não saíam. Sem conseguir mover o corpo, ele olhou para os lados e percebeu que ainda estava no dormitório do Hospital Colônia.

"O que está acontecendo? Achei que estivesse sonhando. Onde está o jardim"? – pensou angustiado.

– Hoje será diferente – respondeu o amigo de forma serena. – Você virá comigo de forma definitiva.

Apreensivo, ele viu Áurea de pé ao lado de Ezequiel e também percebeu a presença de várias outras pessoas vestidas de branco ao seu redor.

– Fique calmo – disse o Amigo Espiritual com carinho. – Agora você voltará a adormecer e conversaremos mais tarde. Áurea e eu estaremos ao seu lado o tempo todo.

14

A luz de um novo lar

PEDRO ABRIU OS olhos e, ao respirar fundo, percebeu que não estava mais no Hospital Colônia. O ar era leve e, ao invés do odor fétido de urina e fezes a que estava acostumado, sentiu um cheiro suave de jasmim. Além disso, baixinho ao fundo, um som de piano parecia embalá-lo como uma cantiga de ninar.

Esticando as mãos, ele sorriu ao ver seus braços e perceber que não estava mais naquele corpo esquelético e cheio de feridas e hematomas.

– Ainda sou mais bonito que você, mas confesso que está bem melhor agora – ecoou uma voz ao seu lado.

Reconhecendo a voz de Ezequiel, Pedro tentou se sentar bruscamente e, tonto, quase caiu da cama.

– Ei, branquelo, eu disse que está bem melhor, mas isso não significa que já pode sair correndo por aí – disse o amigo rindo, enquanto colocava alguns travesseiros junto à cabeceira da cama e o ajudava a se recostar.

– Isso é verdade? Eu desencarnei? – indagou confuso com os vários sentimentos que tomavam seu coração.

– Sim, finalmente você está em casa. Como está se sentindo?

– Isso é estranho, estou feliz e, ao mesmo tempo, triste.

– Isso é normal devido ao lugar em que vivíamos – disse entregando um copo de água ao amigo. – Você está feliz em, finalmente, deixar uma vida de privações e flagelos físicos, contudo, entristece-se porque ainda tinha planos e expectativas para a sua vida material.

Tentando conter as lágrimas, Pedro bebeu a água e se surpreendeu com o que sentiu.

– O que é isso?

– Água!

– Eu sei que já não bebia água limpa há muito tempo, mas nem na nascente da fazenda a água era tão boa.

– A água é fluidificada para sustentá-lo e restabelecer o seu corpo perispiritual. Apesar de você ter trabalhado muito bem os seus sentimentos e pensamentos, a morte por desidratação causa um grande desgaste energético.

– Afinal, o que eu tinha?

– Disenteria bacilar.

Percebendo que Pedro não havia compreendido claramente a sua resposta, ele sorriu e complementou:

– Você estava com um tipo de infecção intestinal causada por uma bactéria que, geralmente, é transmitida através de alimentos ou água contaminada. Como você não conseguia reter líquidos no corpo, acabou desencarnando em virtude da desidratação. Infelizmente, isso é muito comum entre os internos do Colônia e outras instituições semelhantes.

– Sim, já vi outros internos morrerem por causa disso, só não sabia que tinha esse nome esquisito – respondeu com tristeza.

Apesar da baixa iluminação do quarto, Pedro olhava cada cantinho com muita atenção, admirando como tudo era extremamente branco e limpo.

Percebendo a atitude do amigo, Ezequiel se levantou e abriu a fina cortina branca que cobria a janela, deixando que delicados raios de sol entrassem no cômodo, enchendo-o de cor e calor.

Esticando o pescoço, Pedro viu um belo jardim florido pela janela e não conseguiu conter as lágrimas.

– Quer ir lá fora um pouco? – questionou Ezequiel sorrindo.

– Eu posso?

– Claro! Desde que me permita auxiliá-lo, pois você ainda está fraco.

Assentindo com a cabeça, Pedro permitiu que o amigo o ajudasse a se levantar e, vagarosamente, saíram do quarto e começaram a caminhar pelos corredores do hospital. Maravilhado com a harmonia do ambiente, ele respondeu aos cumprimentos de todos os Trabalhadores Espirituais que encontrou pelo caminho e se encheu de alegria ao ver Áurea os esperando no *hall* de entrada.

– Como está nosso paciente ilustre? – indagou a Mentora cumprimentado os dois com um sorriso.

– Fora o fato de que quase caiu da cama, ele está bem – respondeu Ezequiel com um sorriso maroto.

Sem dizer uma só palavra, Pedro abraçou Áurea com muito carinho e chorou quando, ao olhar sobre o seu ombro, viu a árvore com o balanço do lado de fora do hospital.

– Era aqui que eu estava durante os sonhos?

– Sim – respondeu a Mentora com alegria.

Ao chegarem ao jardim, os amigos sentaram-se em dos bancos e passaram quase uma hora em uma agradável conversa, durante a qual Áurea e Ezequiel responderam aos questionamentos do recém-chegado.

– Bom, acho que você já teve muitas emoções por hoje – disse Áurea sorrindo para seu tutelado. – Está na hora de você descansar mais um pouco.

Acompanhado por sua Mentora e por seu amigo, Pedro retornou para o quarto, deitando-se na cama e caindo no sono quase imediatamente.

Após algumas horas, Áurea e Ezequiel retornaram ao quarto de Pedro e sorriram ao vê-lo debruçado sobre o parapeito da janela, apreciando a vista do jardim externo do hospital.

- É lindo, não é? - indagou a Mentora enquanto se sentava em uma das poltronas.

- Mais do que lindo, é divino! - respondeu ao se virar para os amigos com um sorriso no rosto. - Mas, existe algum motivo especial para que os meus encontros com Vilma e com vocês durante a emancipação ocorressem aqui?

Após encher um copo com a água da jarra que ficava sobre a mesa de cabeceira e entregá-lo ao amigo, Ezequiel se sentou na poltrona ao lado de Áurea e respondeu:

- Aqui no Plano Espiritual, nós só conseguimos permanecer em ambientes com os quais estamos em sintonia. Assim, muitas vezes, é mais fácil para um encarnado emancipado visitar ambientes como este, pois, apesar de possuir um nível vibracional elevado, ainda tem uma certa ligação com energias materiais, principalmente, por estar localizado dentro de uma zona de refazimento[24].

- Lembro-me quando explicou sobre as zonas de refazimento. Mas não entendo como um lugar tão lindo e harmônico como este poderia estar dentro de uma delas.

- Muitos hospitais estão. Afinal, qual seria o melhor lugar para uma instituição que se dedica a atender irmãos que ainda se mantêm ligados à matéria?

- Irmãos como eu?

- Sim. Apesar de estar consideravelmente bem, você acabou de deixar o corpo físico e, portanto, ainda mantém uma ligação muito grande com tudo que viveu no plano material. Além disso, esse hospital é muito maior do que imagina, aqui são atendidos tanto os irmãos recém-desencarnados, como também os recém-resgatados das zonas de refazimento.

24 Zonas de refazimento também podem ser conhecidos como zonas de sofrimento, zonas umbralinas ou umbral.

– Posso fazer outra pergunta?

– Claro! – respondeu Ezequiel.

– Agora há pouco, recordei-me de um sonho em que Vilma me informou sobre a morte de meu pai. Ele realmente desencarnou? Onde ele está? – questionou entristecido.

– A situação de seu pai é delicada – respondeu Áurea com cautela. – Ele ainda tem dificuldade de lidar com sua condição desencarnada e cultiva sentimentos negativos. Mas não se preocupe, porque ele não está desamparado.

– Apesar de tudo, eu não guardo rancor de meu pai, pelo contrário, queria poder ajudá-lo.

– E você pode. Ore por ele, a oração é um santo remédio.

– Já que estamos falando em oração, queria muito agradecer a vocês por todo o auxílio que recebi quando estava encarnado e agora, desencarnado – disse Pedro emocionado.

– Ficamos felizes e honrados com o seu agradecimento, mas você também deve agradecer a Deus e a você mesmo, pois sem o seu esforço e o amor do Pai não seríamos capazes de fazer tudo o que fizemos

– Realmente preciso agradecer muito a Deus – disse com os olhos marejados. – Vocês me acompanhariam em uma oração?

– Não precisa pedir duas vezes – respondeu Ezequiel sorrindo.

De pé no centro do quarto, os três deram as mãos e fecharam os olhos. Emocionado, Pedro iniciou uma singela oração, enquanto Ezequiel e Áurea o envolviam com uma energia suave e acalentadora de paz.

15 A luz do trabalho

A RECUPERAÇÃO E a readaptação de Pedro foram trabalhosas, porém, com sua força de vontade e a ajuda de seus Amigos Espirituais, ocorreram de forma rápida e harmoniosa. Haviam se passado três meses desde seu desencarne e ele já se colocava à disposição para todo e qualquer trabalho dentro do hospital em que fora atendido. Como ainda era inexperiente, inicialmente, ele auxiliava apenas em pequenas tarefas, mas fazia tudo com amor e dedicação.

Em uma certa manhã de sábado, ele auxiliava um recém-chegado a caminhar pelo jardim, quando viu Ezequiel chegando às dependências do hospital.

– Meu amigo, você se importaria se eu o deixasse na companhia de um dos enfermeiros? – perguntou Pedro ao interno. – Preciso trocar umas palavras com um amigo que acaba de chegar.

– Claro que não me importo! – respondeu o interno sorrindo. – Contanto que prometa me visitar mais tarde.

– Com certeza irei – concordou com alegria, ao mesmo tempo que acenava para um enfermeiro que, prontamente, aproximou-se deles.

Após pedir ao enfermeiro que o substituísse nos cuidados ao paciente, Pedro lhe agradeceu e seguiu até Ezequiel, que o esperava sentado em um dos bancos do jardim.

– Branquelo! Já estava sentindo a sua falta. Como está? – questionou Ezequiel, levantando-se do banco e abraçando o amigo.

– Melhor agora!

Os amigos se sentaram e, alegres, conversaram sobre as novidades. Ezequiel explicou que continuava o seu trabalho junto ao Hospital Colônia de Barbacena, atuando como Auxiliar Espiritual de vários internos, incluindo Marcelo, o qual se mantinha firme no auxílio aos seus companheiros de Instituição.

– Queria tanto poder ajudá-lo nesse trabalho – disse Pedro com pesar. – Estou feliz com o meu trabalho aqui no Hospital Espiritual, mas sei o quanto os internos daquele lugar precisam de auxílio.

– Não se preocupe, pois existem vários Trabalhadores Espirituais dedicados a levar luz àquele lugar. Ainda é muito cedo para que possa retornar ao Colônia, você não está preparado para lidar com a carga energética de muitos dos encarnados e desencarnados que lá habitam.

Assentindo com a cabeça, Pedro concordou com o amigo, mas não conseguiu conter uma lágrima teimosa que escorreu por seu rosto. Percebendo a tristeza em seu olhar, Ezequiel continuou:

– Em breve, você receberá autorização para nos auxiliar em trabalhos no plano material e nas zonas de refazimento, mas, por enquanto, precisa se dedicar ao seu aprimoramento. Fiquei sabendo que ainda está participando das terapias. Elas o têm ajudado?

Tentando afastar os pensamentos tristes, Pedro abriu um sorriso e, com alegria, respondeu ao questionamento:

– Adoro participar das terapias, principalmente, aquelas em que vários pacientes podem se abrir e falar de seus medos e angústias. É incrível como esses momentos nos fortalecem. Apenas fico triste em pensar que este tipo de atendimento poderia ser feito em tratamentos psiquiátricos na matéria, ao invés de simplesmente encarcerar os doentes mentais.

– Concordo com você, contudo, saiba que esse procedimento já é feito em algumas instituições materiais. Infelizmente, não são todos os psiquiatras que acreditam que distúrbios psicológicos podem ser amenizados com a psicoterapia, seja ela em grupo, seja ela individual. Entretanto, temos que compreender que alguns casos realmente precisam de internação e de intervenção medicamentosa.

– Entendo, mas não da forma como é feita nos hospícios.

– Claro que não! Os medicamentos devem ser prescritos por médicos experientes e de acordo com o problema apresentado pelo paciente. Lamentavelmente, o que ainda vemos nos chamados hospícios e manicômios é apenas uma forma de isolar os pacientes do convívio social, o que é exatamente o contrário do que eles precisam. Mas devemos ter paciência e fé, pois sabemos que, aos poucos, a compreensão humana permitirá que tais atrocidades deixem de existir.

– Deus o ouça!

– Ele ouve, mas a mudança depende de nós.

Após algum tempo de conversa, os amigos se despediram e retornaram aos seus afazeres.

* * *

JÁ HAVIA SE passado seis meses desde o seu desencarne, quando Pedro, finalmente, obteve autorização para visitar sua família e, acompanhado de Áurea, chegou à fazenda nas primeiras horas do dia.

Ao se aproximarem da casa principal, Pedro parou por um instante e, emocionado, olhou com atenção para o local onde nasceu e foi criado.

- Este lugar lhe traz muitas lembranças, não é? - ela indagou, pegando em sua mão.

- Sim. São muitos sentimentos que se confundem em minha mente. Ao mesmo tempo que tenho lembranças felizes da minha infância, este lugar também me faz lembrar do medo que sentia de meu pai.

Percebendo a angústia tomar conta do semblante de seu tutelado, Áurea se colocou à sua frente e, com muito carinho, disse:

- Em breve, você compreenderá melhor o porquê do comportamento de seu pai, mas, por enquanto, deve alimentar sua fé e não se deixar abater pela incompreensão e intolerância alheia.

Nesse momento, um suave e agradável cheiro tomou conta do ambiente e Pedro percebeu que sua mãe preparava o café da manhã.

- Como senti saudades desse cheiro de pão fresquinho - disse ele abrindo o sorriso e afastando qualquer pensamento negativo de sua mente.

Júnia acabava de tirar o pão do forno quando eles adentraram na cozinha. Bem mais velha do que Pedro se lembrava, ela passava o café enquanto cantarolava um hino religioso.

- Faz apenas doze anos que não a vejo, contudo, ela parece ter envelhecido muito mais do que isso - constatou Pedro com lágrimas nos olhos.

Ao ouvir o comentário, Flávio, Mentor de Júnia, que os observava a uma certa distância, aproximou-se e explicou:

- A vida de Júnia nunca foi fácil, mas depois que você desapareceu, ela se entregou à tristeza, o que trouxe grande desgaste material e energético. Mas não se preocupe, pois nunca é tarde para nos abrirmos à alegria e construirmos a felicidade dentro de nossos corações.

Comovido, Pedro envolveu a mãe com seus braços e beijou sua face. Tomada pelas lembranças do filho, ela se entregou ao choro e, largando o bule de café, sentou-se em uma das cadeiras.

- Eu fiz algo errado? - indagou Pedro assustado.

- Não - respondeu Flávio com serenidade. - Sua mãe sente muito a sua falta e, de certa forma, culpa-se por não o ter protegido de Joaquim. A aproximação entre vocês fez com que esses sentimentos viessem à tona e, por isso, ela se entregou à emoção.

- Mas, Áurea, você disse que a minha visita havia sido autorizada porque não traria prejuízos a eles ou a mim - disse Pedro preocupado, direcionando o olhar à Mentora.

Com muito carinho, Áurea repousou a mão sobre o seu ombro e esclareceu:

- As emoções não nos trazem prejuízos, o que nos machuca é o ato de alimentarmos emoções negativas e, dessa forma, construirmos sentimentos que só nos trazem sofrimento. A saudade que sua mãe sente é normal e ela precisa aprender a lidar com sua ausência.

- Mas ela sabe que desencarnei?

- Conscientemente, não. Entretanto, acreditamos que será melhor para a sua mãe encarar o fato de que você não está mais na matéria.

- E como isso poderia acontecer? Sem saber notícias minhas, ela sempre alimentará a esperança de que eu esteja vivo.

- Lembra-se de que eu havia comentado que Vilma e o marido estavam visitando sua mãe?

- Sim.

- Eu pedi a Cláudio que a acordasse mais cedo. Ela já está descendo e logo o seu questionamento será respondido.

Guiada pelos soluços da mãe, Vilma desceu as escadas e, antes que pudesse indagar a mãe sobre o que havia acontecido, percebeu a presença do irmão.

Emocionada, ela respirou fundo e, intuída por seu Mentor Cláudio, disse:

- Mãezinha, não fique triste, Pedrinho está bem.

- Do que está falando? - perguntou a mãe surpresa e confusa.

Tentando controlar as lágrimas, Vilma se sentou ao lado da mãe e, pegando em suas mãos, explicou:

– Eu sei que vai parecer loucura, mas tenho certeza de que ele não está mais entre nós. Mas, não se preocupe, pois ele está ao lado de irmãos de luz que o protegem e o guiam.

– Você quer dizer que seu irmão está morto? Como você poderia saber disso? – questionou assustada.

– A senhora sabe que Pedro e eu éramos muito próximos e que sabíamos o que o outro sentia sem a necessidade de palavras. Eu sinto que ele deixou o convívio dos vivos e, no fundo, a senhora também sabe.

Finalmente admitindo para si mesma que seu filho não estava mais vivo, Júnia abraçou a filha e, entre lágrimas e soluços, indagou:

– Será que ele me perdoou por não o ter protegido de seu pai?

Abraçando a mãe e a irmã, Pedro sussurrou algumas palavras no ouvido de Vilma, que, sem se dar conta do que realmente estava acontecendo, repetiu em voz alta:

– Não há nada para ser perdoado. A senhora fez tudo o que podia e sempre nos amou de todo o coração. Pare de se culpar e se permita ser feliz, isso é tudo que nós desejamos e precisamos agora.

Neste momento, Bernardo vinha entrando na cozinha e, comovido ao ver a esposa e a sobrinha abraçadas, não quis intervir, ficando a admirá-las da porta, também impedindo que Jânio interrompesse o momento. Ao abrir os olhos e ver o marido e o genro, Júnia se levantou e, enxugando as lágrimas, chamou-os para tomarem o café da manhã.

Pedro observou a família reunida à mesa e, com alegria, percebeu o grande amor que envolvia sua mãe e Bernardo. Ao olhar para sua irmã e para o cunhado, no entanto, percebeu uma grande barreira emocional entre eles e, confuso, disse a Cláudio:

– Pelo o que conversamos em nossos encontros durante a emancipação, achei que Vilma e o marido estivessem bem.

– Eles realmente se amam, mas ainda têm dificuldade de expressar o que sentem e em confiar um no outro. Além disso, a cobrança dos pais de Jânio por um neto tem trazido alguns problemas ao relacionamento dos dois.

- Não consigo imaginar a minha irmã com dificuldade de expressar suas emoções. Logo ela que sempre foi tão transparente!

- Tem razão, mas a história entre os dois é antiga e existem fatos que justificam tal comportamento.

- Pelo que percebi, quase tudo em nossa vida está ligado ao nosso passado. Às vezes me pergunto se não seria mais fácil se soubéssemos tudo o que aconteceu.

- O véu do esquecimento é uma benção. Devido a ele, sua irmã e cunhado são capazes de tentar transpor as barreiras que foram construídas no passado. Caso realmente se lembrassem de tudo o que aconteceu, provavelmente, não teriam coragem de se reaproximarem.

- Tenho certeza de que tem razão, mas ainda preciso compreender muitas coisas a respeito disso.

Após acompanhar a família durante todo o dia, Pedro e Áurea retornaram ao Hospital Espiritual, onde Pedro pôde descansar e refletir sobre tudo o que experienciou naquele dia maravilhoso.

16

Refletindo a Luz

MUITO DEDICADO AO estudo e aos trabalhos de auxílio no Hospital Espiritual, Pedro progredia a olhos vistos. Em uma tarde no final de dezembro, cerca de cinco anos após o seu desencarne, ele havia acabado de finalizar um turno de doze horas de atendimento aos recém-desencarnados quando um dos enfermeiros se aproximou e, carinhosamente, disse:

- Acho que por hoje já chega. Você precisa descansar.

- Eu estou bem. Posso continuar auxiliando, se me permitirem.

- Com o passar do tempo, algumas necessidades materiais, como a alimentação e o sono, tornam-se dispensáveis para nós desencarnados, contudo, para aqueles que ainda deles necessitam, o repouso sempre é útil para que possamos repor nossas energias. Ademais, Áurea nos informou que mais tarde virá buscá-lo para um atendimento especial, para o qual você precisará estar muito bem-disposto e energizado.

Ansioso e curioso para saber que trabalho faria mais tarde em companhia de Áurea, Pedro seguiu o conselho que recebera e caminhou até o dormitório que dividia com outros trabalhadores do hospital. Após orar, ele repousou por algumas horas e, ao despertar de seu descanso, retornou à enfermaria, onde se colocou à disposição até que Áurea chegasse, o que aconteceu cerca de uma hora depois.

- Boa noite! - disse a Mentora ao se aproximar de Pedro, que acabava de sair do quarto de um dos pacientes. - Espero que tenha descansado.

- Sim, descansei bastante. Estava apenas aproveitando o tempo enquanto você não chegava para ajudar os enfermeiros a levar o jantar aos pacientes.

- E está livre agora?

- Sim, esse era o último paciente.

Áurea e Pedro caminharam pelo corredor, direcionando-se ao setor Irmã Scheilla[25]. O Hospital do Divino Auxílio era dividido em dois setores principais, o Irmã Scheilla, onde os recém-resgatados das zonas de refazimento eram acolhidos e recebiam tratamento e o Irmã Maria Goretti[26], onde recém-desencarnados eram auxiliados em seu processo de restabelecimento.

- Acredito que você já esteve no setor Irmã Scheilla.

- Sim. Trabalhei neste setor algumas vezes, porém, nunca fui autorizado a sair da ala D, na qual estão os irmãos em melhores condições físicas e emocionais.

- Embora você tenha vivenciado situações de sofrimento na matéria, ainda não estava preparado para lidar com as condições dos irmãos que são atendidos nas demais alas sem se deixar envolver por pensamentos e emoções negativas, o que se-

---

25 Segundo relatos Espíritas, Scheilla viveu na Alemanha na época da Segunda Guerra Mundial e exercia a função de enfermeira em Hamburgo, quando faleceu, aos 28 anos de idade, durante um bombardeio Aliado, em 1943.

26 Maria Teresa Goretti (1890 - 1902), foi uma jovem católica italiana, brutalmente assassinada aos 11 anos de idade. Antes de morrer, relatos dizem que ela perdoou seu assassino e afirmou que gostaria de encontrá-lo no céu. Venerada como mártir, ela foi beatificada em 1947 e canonizada em 1950.

ria prejudicial para você e para eles. Hoje, no entanto, você terá esta autorização.

- Espero estar pronto - comentou receoso.

- Não se preocupe, eu estarei ao seu lado o tempo todo. O seu estágio no auxílio a esses irmãos será de grande importância para o seu aprendizado, permitindo que você possa se fortalecer e, em breve, auxiliar em trabalhos nas zonas de refazimento e na matéria.

- Nossa! Então eu poderei auxiliar Ezequiel com os internos no Hospital Colônia? - perguntou empolgado.

- Sim, mas tudo ao seu tempo.

Ao chegarem a uma das recepções do setor Irmã Scheilla, Áurea e Pedro foram recepcionados por Vânia, uma das médicas mais experientes do hospital.

- Olá, meus amigos! Que bom que chegaram! - exclamou a médica com alegria.

- Boa noite! - cumprimentou Pedro sorrindo. - Acho que já vi a senhora pelos corredores do hospital.

- A doutora Vânia atende em todo o hospital, mas dedica a maior parte de seu tempo às alas que recebem nossos irmãos mais necessitados - explicou a Mentora.

- Isso mesmo! - concordou a médica. - Todos precisam do nosso auxílio, mas alguns necessitam de um tratamento mais intensivo. Bom, os demais trabalhadores e eu estaremos à inteira disposição de vocês caso precisem de nós e, desde já, agradeço pelo auxílio que estão prestando.

Após se despedirem da médica, Áurea e Pedro seguiram até uma sala de descanso e a Mentora se dispôs a explicar como os trabalhos naquelas alas funcionavam e como eles poderiam auxiliar nos atendimentos.

- Como você já deve saber, este setor do hospital é dividido basicamente em quatro alas: na ala A, temos as enfermarias, nas quais os recém-resgatados recebem os primeiros cuidados e, de acordo com o seu estado, são transferidos para uma das outras três alas; na ala B, estão aqueles que precisam de contenção e de um tratamento mais intensivo devido aos distúrbios emocionais e psicológicos que apresentam; na ala C, estão os nossos irmãos em sono reparador, período em que são protegidos de influências externas e recebem tratamento adequado para, quando acordarem, lidarem de forma mais saudável com sua atual condição; e na ala D, onde você já trabalhou, são atendidos os irmãos que estão um pouco mais fortalecidos e que, portanto, conseguem participar de tratamentos menos invasivos, como as psicoterapias.

- Nossa! Tenho tantas dúvidas.

- Pode perguntar.

- O que você quis dizer com contenção? - questionou confuso. - Eu pensei que estávamos aqui por vontade própria.

- Todos os pacientes são merecedores e necessitam do tratamento, contudo, no auge da dor, a razão pode ser suplantada pelas emoções e sensações advindas dos vícios e de sentimentos mal trabalhados.

Percebendo que Pedro ainda a olhava com dúvida, Áurea continuou a explicação:

- Pense em uma pessoa viciada em determinados fluidos materiais. Ela pode ter o merecimento e a vontade de mudar, mas isso não significa que conseguirá lidar de forma tranquila com a abstinência. Dessa forma, algumas vezes, precisamos de uma certa contenção energética para permitir que esse irmão receba o tratamento adequado e possa fazer suas escolhas de forma mais consciente e saudável. Entretanto, se a pessoa não estiver preparada ou não quiser realmente passar pelo processo de mudança, não conseguiremos mantê-la aqui.

- Já que na ala C os pacientes estão sob o tratamento do sono reparador, por que esses irmãos da ala B, não podem ser sedados e colocados para dormir? Assim, poderiam passar por esse estágio da abstinência de forma mais tranquila.

- Embora pareça cruel, estar consciente nesse estágio é necessário ao tratamento desses irmãos, pois, como você bem sabe, aprendemos com as consequências de nossos atos. Mas, não se preocupe, porque eles recebem tratamentos adequados para amenizar suas dores e auxiliá-los a se fortalecerem.

- Você tem razão. Imagino que as lembranças desses momentos os auxiliam a valorizar uma vida moralmente mais correta e, dessa forma, evitarem recaídas. Mas, então, qual a real função do sono reparador?

- Alguns dos irmãos que são colocados nesse estágio de adormecimento estão em situação de risco devido à influência de encarnados e desencarnados que os perseguem, seja por um amor adoecido, seja por vingança. Além disso, existem alguns que são resgatados em condições físicas e emocionais tão críticas, que seriam incapazes de aprender algo com a própria dor, sendo necessário um tratamento inicial para que possam se tornar mais conscientes.

Refletindo sobre tudo o que ouvira de sua Mentora, Pedro permaneceu em silêncio e tentou controlar as lágrimas que insistiam em brotar de seus olhos.

- Se achar que não está pronto, podemos voltar - informou Áurea com carinho.

- Pelo contrário, agora eu tenho mais vontade de ajudar esses irmãos.

Feliz com a decisão de seu tutelado, Áurea o acompanhou até uma das enfermarias da ala A, onde um grupo de recém-resgatados recebia os primeiros-socorros.

Admirado pela dedicação e amor dos médicos e enfermeiros envolvidos no trabalho, ele tentou se manter firme diante da agonia e da dor que presenciava: muitos irmãos resgatados estavam em condições físicas extremamente críticas e gritavam de dor e desespero. A visão de pacientes mutilados, feridos e deformados era estarrecedora, mas o que mais o entristecia eram as lamúrias e o choro, já que faziam com que todas as suas lembranças do Hospital Colônia viessem à tona.

- Pedro, nesse momento, você não atuará diretamente no atendimento. Mas, não se preocupe, pois pode auxiliar no trabalho se mantendo em oração - explicou Áurea ao perceber a agonia de Pedro. - Temos um grande dispêndio energético para tratar os pacientes e manter a harmonia do ambiente. Dessa forma, suas orações e pensamentos positivos contribuirão muito para que os médicos e enfermeiros possam levar alívio aos que sofrem.

Com as mãos estendidas em posição de doação, Áurea e Pedro compartilharam uma oração por pensamento, contribuindo para o equilíbrio do local e dos atendidos.

Após receberem passes magnéticos, os pacientes mais críticos caíram em sono profundo, permitindo que a higienização e os tratamentos primários fossem feitos. Convidados por Vânia, Áurea e Pedro se aproximaram da maca na qual uma jovem adolescente muito ferida era atendida. Apesar de estar dormindo, ela ainda emanava uma forte sensação de angústia e raiva, as quais eram claramente perceptíveis por todos à sua volta. Sentindo um aperto do peito, Pedro começou a ficar ofegante e, desesperado, olhou para Áurea pedindo ajuda.

- Acalme-se! O seu objetivo aqui é trazer conforto a ela, e não se contaminar pelo desconforto que ela sente - alertou a Mentora, repousando a mão sobre o peito de seu tutelado e emanando energias revitalizadoras que lhe trouxeram alívio.

- E o que devo fazer? - questionou ansioso e preocupado.

Tentando tranquilizá-lo, Vânia sorriu e, com serenidade, explicou:

- Enquanto trabalhamos em suas lesões físicas mais graves, quero que você faça o que sabe fazer de melhor: Converse mentalmente com ela e a auxilie a reencontrar a luz de sua fé.

Encorajado por Áurea, que se manteve ao seu lado, Pedro colocou a mão sobre a testa da jovem e começou a transmitir por pensamento tudo o que havia aprendido durante sua vida encarnada e desencarnada: "Toda a dor, por mais excruciante que seja, oportuniza-nos a crescer e nos ajuda a enxergar a vida de forma mais serena e bela. Ao alimentarmos a raiva e o rancor por aqueles que nos machucaram, não fazemos com que a dor desapareça, pelo contrário, isso faz com que sejamos consumidos pelo sofrimento e pela agonia. Liberte-se de tudo aquilo que a faz sofrer e compreenda que somos muito mais fortes do que imaginamos. Logo você perceberá o quanto pode auxiliar aqueles que vivem ao seu redor e descobrirá a grande verdade por trás das sábias palavras do nosso querido Francisco de Assis: 'É dando que se recebe'. Você não está sozinha e sempre poderá contar com a nossa ajuda e o nosso amor".

Após o atendimento, Pedro fitou carinhosamente o rosto da jovem e, com alegria, constatou que já não sentia mais vindo dela tanta angústia e raiva. Ainda havia medo e tristeza, mas o importante é que ele também sentia a presença de esperança.

- Para qual ala ela será levada? - perguntou Pedro preocupado.

- Depois de ter percebido os sentimentos que ela alimenta, o que você acha? - indagou Vânia.

- Apesar de todo o desespero que apresentou ao chegar, ela me pareceu ser uma pessoa forte que, por algum motivo, deixou que a chama de sua fé fosse obscurecida. Acredito que reavivar essa chama será trabalhoso, mas, com ajuda, ela conseguirá.

- Então, para qual ala acha que ela deve ser encaminhada?

- Ala D.

Sorrindo, a médica assentiu com a cabeça, concordando com a avaliação de Pedro.

Após se despedirem dos médicos e enfermeiros que, incansavelmente, atendiam os recém-chegados, Áurea e Pedro seguiram para o corredor que levaria à ala B. Antes de passarem pela porta, Áurea se voltou para ele e indagou:

- Você está bem?

- Melhor do que nunca! - exclamou emocionado.

- Que bom, pois precisará de toda essa positividade para o próximo atendimento.

Caminhando por um longo corredor, Pedro se surpreendeu com a calma e a serenidade do ambiente e, confuso, questionou:

- Pelo o que havia falado da ala B, achei que o clima aqui seria mais tenso.

- Os quartos dos pacientes são individuais e possuem um isolamento energético para que as suas emanações não interfiram no tratamento uns dos outros - explicou a Mentora. - Antes de executarmos o atendimento programado, tenho algumas informações para lhe passar. Vamos até a sala de descanso dos atendentes para conversarmos com mais calma.

Chegando à sala, eles se sentaram em um sofá e, segurando as mãos de Pedro, Áurea calmamente explicou:

- A pessoa que atenderemos nesta ala precisa de muito carinho e compreensão. Ele desencarnou de forma brutal e logo foi levado por seus antigos desafetos para um local onde foi torturado por mais de doze anos. Alimentando o ódio por aqueles que considerava serem seus algozes, por anos, ele não se permitiu receber auxílio. Contudo, durante uma noite de natal, as orações de um grande amor do passado finalmente o tocaram e os socorristas conseguiram trazê-lo. Para evitar que seus desafetos o encontrassem e que o ódio que ele ainda alimentava os reaproximassem, ele foi mantido em um sono reparador por cerca de um ano. Infelizmente, ao acordar alguns dias atrás, a culpa por seus equívocos do passado e sede de vingança por aqueles que o feriram afloraram novamente e, caso não haja uma mudança efetiva, logo não teremos mais o que fazer e ele deixará as dependências do hospital.

- Mas, se esse é um caso tão sério, não seria imprudente deixar que uma pessoa inexperiente como eu faça o trabalho?

- Não agimos com imprudência, principalmente quando a recuperação de um paciente está em risco.

- Desculpe-me! Não estou duvidando do discernimento da Equipe Espiritual, apenas acredito que existam trabalhadores mais experientes do que eu para o serviço.

- Experientes sim, adequados não.

- Não compreendi - comentou confuso.

- Você se lembra do natal do ano passado?

- Sim, você esteve comigo o tempo todo. Nós visitamos a minha família e, depois, fomos à celebração de natal na cidade-colônia.

- Como acontece todos os anos, durante a celebração houve um momento em que oramos por aqueles que ainda não conseguem enxergar a Luz de nosso Mestre Jesus. Lembra-se por quem você orou?

- Por meu pai, por todos os funcionários e pelos internos encarnados e desencarnados do Hospital Colônia que ainda alimentam o ódio e o rancor.

- Algum interno em específico?

- João[27]!! - respondeu atônito. - Então, o paciente que atenderemos é o João? Isso significa que foi a minha oração que o ajudou a receber auxílio?! Mas, você não disse que foi a oração de um grande amor do passado dele?

Tentando amenizar a ansiedade de Pedro, Áurea repousou a mão o sobre seu ombro e, carinhosamente, disse:

- Eu vou responder às suas perguntas, mas antes preciso que se acalme.

Com o auxílio de sua amiga que o envolvia em uma energia de paz, Pedro buscou seu reequilíbrio através de uma oração silenciosa. Poucos minutos depois, mais calmo, ouviu Áurea a lhe falar:

- Em breve, você terá oportunidade de ter acesso a algumas lembranças de vidas anteriores. Por hoje, apenas lhe trarei informações de sua ligação com João e como fatos pretéritos que estão relacionados com a atual situação desse nosso irmão.

Assentindo com a cabeça, Pedro sorriu e, com muita atenção, se colocou a ouvir toda a explicação que seria trazida por sua Mentora.

---

27 João foi o interno do Hospital Colônia de Barbacena que agrediu Pedro, o que fez com que ambos passassem pelo tratamento de eletrochoque, procedimento no qual João desencarnou (Capítulo 8).

* * *

EM MEADOS DO século XVIII, Atécio (João) era um jovem pertencente a uma família abastada de Uberaba[28]. Criado dentro dos moldes rígidos da Igreja Católica da época, ele sofreu com seus intensos conflitos internos, principalmente quando percebeu sua atração por pessoas do mesmo sexo. Temendo o julgamento de seus pais, o jovem conseguiu esconder seus sentimentos e desejos por um tempo, mas logo passou a ter uma vida dupla, que só era conhecida por sua prima e melhor amiga Clarice (Pedro).

Clarice era uma jovem cheia de sonhos e com o coração repleto de boas intenções, mas nunca soube lidar com a pressão que sofria por aqueles que a rodeavam. Mesmo desejosa de fazer o bem àqueles que mais precisavam e aberta a amar a todos sem preconceitos e julgamentos, ela tinha uma grande dificuldade de enfrentar a intolerância alheia e temia sofrer represálias de sua família e da sociedade por sua forma diferente de pensar. Dessa forma, mesmo sofrendo, ela se omitia diante da injustiça, sendo condescendente com atitudes que sabia não serem cristãs.

Desde criança, Atécio e Clarice eram grandes amigos e, apesar de ser um ano mais jovem, ele sempre cuidou dela com muito carinho. Na tentativa de esconder a sua homossexualidade dos pais, Atécio pediu a mão da prima em noivado e todos da família concordaram. Como já tinha dezenove anos, Clarice sofria pressão da família para que se casasse e o seu pai já havia ameaçado mandá-la para um convento, caso pretendentes à altura não surgissem. Entretanto, tornar-se freira nunca foi um problema para a jovem, pois o seu maior medo era acabar em um casamento arranjado com um dos fazendeiros viúvos que existiam nas redondezas. Assim, ela ficou feliz com a proposta de seu primo,

28 Uberaba é um município do estado de Minas Gerais localizado no Triângulo Mineiro, a 481 km a oeste de Belo Horizonte.

porque, mesmo sabendo que ele não a amava como mulher, tinha certeza de que o amor entre eles era real e sólido.

Com o noivado, Clemente, pai de Clarice, passou a observar o seu sobrinho e futuro genro com mais atenção e começou a desconfiar de seu comportamento, principalmente, quando alguns boatos sobre a sexualidade de Atécio começaram a chegar aos seus ouvidos. Sabendo da grande amizade e cumplicidade entre os primos, Clemente passou a duvidar da seriedade do compromisso que eles haviam firmado e pressionou a filha até que ela expusesse todos os segredos de seu primo e noivo. Revoltado com a situação, ele procurou o seu irmão Manoel, pai de Atécio, e contou tudo o que havia descoberto. Envergonhado por descobrir a homossexualidade do filho, Manoel deu uma surra no jovem e o obrigou a se "voluntariar[29]" para o exército brasileiro durante a Guerra do Paraguai[30].

Assolado pela revolta e culpando os pais e a melhor amiga por seu destino, Atécio abraçou sua posição como soldado do exército brasileiro, fazendo da sua vergonha e tristeza um combustível para a sua crueldade diante dos "inimigos". Após matar de forma indiscriminada e fria dezenas de soldados e civis paraguaios e de participar de atos horrendos de estupros e tortura, ele acabou sendo atingido durante a batalha e desencarnou. No Plano Espiritual, deixou que seu rancor e raiva o envolvessem, alimentando a sede de vingança por todos que o machucaram. Além disso, ele também nutria a culpa por acreditar que sua homossexualidade o fazia anormal e, portanto, seria a raiz de todos

29 O alistamento militar brasileiro só passou a ser obrigatório por lei em 1908. Para aumentar o contingente militar durante a Guerra do Paraguai, criou-se o decreto 3.371 de 7 de janeiro de 1865, determinando a formação dos "Voluntários da Pátria".

30 A Guerra do Paraguai foi o maior conflito armado internacional ocorrido na América Latina e aconteceu entre o Paraguai e a Tríplice Aliança (Império do Brasil, Argentina e Uruguai) durante dezembro de 1864 a março de 1870.

os seus problemas. Dessa forma, ele se tornou tão preconceituoso e intolerante para com os outros quanto para consigo mesmo, permitindo que algumas de suas vítimas da guerra o fizessem prisioneiro no Plano Espiritual. Após uma década de sofrimento, ele foi resgatado em péssimas condições e, após anos de tratamentos físico, psicológico e emocional, finalmente aceitou a possibilidade de reencarnar.

Ao retornar ao plano material, João foi recebido em um lar repleto de carinho e amor. No entanto, as marcas do passado dificultaram que ele enxergasse essa nova vida como uma oportunidade de aprender a valorizar a vida, principalmente quando começou a perceber que se sentia atraído por homens. Assim, não foi capaz de oferecer ao próximo aquilo que sempre desejou para si mesmo: tolerância, respeito e amor.

Logo, ele se entregou ao vício do álcool e passou a tratar a todos com rispidez e crueldade, principalmente os homossexuais, os quais ele julgava serem pessoas anormais que deviam ser extirpadas da sociedade. Em uma de suas crises de embriaguez, envolveu-se em uma briga de bar e, ao ser preso sem documentos, foi internado no Hospital Colônia de Barbacena.

* * *

– A CADA dia me convenço mais do Amor e da justiça do Pai – declarou Pedro, emocionado.

– Embora os meandros da vida nos distanciem, sempre recebemos a divina oportunidade de nos reencontrar e, assim, reatar laços desfeitos e reparar equívocos passados – complementou Áurea com alegria.

– João tem consciência de sua vida como Atécio?

– Apenas parte dela. Ao desencarnar, ele foi levado pelos mesmos desafetos que o fizeram prisioneiro quando desencarnou na Guerra do Paraguai e eles fizeram questão de lembrá-lo das atrocidades que cometeu como soldado. Entretanto, temos a autorização de levar a ele as informações que acabo de lhe contar. Só precisamos ter cautela ao fazer isso. Está pronto?

Levantando-se, Pedro estendeu a mão para sua Mentora e, com sorriso no rosto, respondeu:

- Sim.

Após uma oração revitalizadora, os amigos entraram silenciosamente no quarto de João e o encontraram deitado em posição fetal em sua cama, único móvel presente no cômodo. Olhando carinhosamente para o homem, Pedro percebeu uma densa nuvem negra que o envolvia totalmente, a qual contaminava o ambiente com uma forte emoção de raiva.

- "Você está bem"? - questionou Áurea por pensamento.

Assentindo com a cabeça, Pedro respirou fundo e, preenchido pela esperança e fé, aproximou-se do paciente. Tentando auxiliar na harmonização do ambiente, Áurea se manteve em oração.

- João!? Será que poderíamos conversar um pouco? - indagou Pedro com carinho.

- Será que vocês não se cansam? Eu já disse que não adianta querer me ajudar - gritou João, ainda com os olhos fechados.

- Um amigo me disse uma vez que "quem faz a caridade de coração não se cansa". Dessa forma, nunca desistiremos de você. Eu nunca desistirei de você.

Irritado com a insistência, João se sentou na cama e gritou com todo o ar de seus pulmões:

- Que maldição! Por que não podem me deixar em paz?

- E você acha que encontrará paz se continuar alimentando tanto ódio?

Em silêncio, João olhava para Pedro como se o reconhecesse de algum lugar.

- Quem é você?

- Sou um amigo de longa data e estou aqui para tentar ajudá-lo.

- Amigo? Eu não tenho amigos. Todos os que eu conheço são inimigos - declarou com raiva e tristeza.

Abaixando-se em frente a João, Pedro abriu um sorriso iluminado e, serenamente, disse:

– Isso não é verdade. Sei que, muitas vezes, cometemos equívocos e, por isso, machucamos aqueles que amamos, porém, o amor supera tudo.

– Amor? Ninguém me amou na vida e eu nunca amei ninguém.

– "Pode me ajudar"? – Pedro questionou Áurea por pensamento.

– "Claro! Mentalize o natal do ano passado e tente se lembrar de sua oração por João".

Com a ajuda de sua Mentora, as lembranças de Pedro foram projetadas em uma tela que ficava na parede do quarto, mostrando a João o momento em que, emocionado, aquele pedia por seu restabelecimento.

– Por que rezou por mim? – perguntou confuso. – Eu não me lembro de você.

– Você se lembra de como desencarnou?

Abaixando a cabeça, João revirou suas memórias e, não conseguindo se recordar com clareza de seu desencarne, respondeu em agonia:

– Eu não sei. Eu tenho um milhão de memórias confusas em minha mente. Acho que foi na guerra.

– "Pedro, o nosso irmão foi exposto há anos de tortura" – interviu Áurea por pensamento. – "Durante esse período, eles o fizeram relembrar repetidamente momentos que viveu com Atécio na Guerra do Paraguai, o que o deixou confuso e perdido em suas próprias memórias".

– Lembra-se do Hospital Colônia de Barbacena? – indagou Pedro, tentando ajudar o amigo.

Tomado por intenso desespero, João se recordou de sua internação no Colônia e da sessão de eletrochoque que lhe tirou a vida.

– Meu Deus! Agora eu sei de onde o conheço! Você é o rapaz com quem eu discuti e, por isso, fomos levados para receber o choque.

- Sim. Meu nome é Pedro.

Ao se lembrar que a discussão em questão havia sido motivada pela homossexualidade de Pedro, João olhou para o rapaz com desdém e tentou confrontá-lo:

- Estranho como pessoas que se dizem tão iluminadas aceitem um "anormal" como você trabalhando aqui.

- Primeiramente, duvido que algum trabalhador desse hospital tenha se autointitulado como um ser iluminado, pois acreditamos que todos seres humanos são portadores da luz de Deus. Infelizmente, alguns deixam que essa chama seja escondida pela escuridão de seus preconceitos, mas não deixam de ser iluminados. Em segundo lugar, não existem pessoas anormais, apenas indivíduos que escolhem diferentes caminhos durante sua jornada de vida. Se ainda não percebeu, aqui não julgamos ou condenamos ninguém, o nosso objetivo é auxiliar.

- Você pode usar palavras bonitas, mas ainda acho que é um comportamento anormal.

- E o que é ser normal? Agredir física e emocionalmente os irmãos por apenas pensarem e agirem de forma diferente? - questionou de forma firme, porém amigável.

Sem ter argumentos para responder o questionamento, João se irritou ainda mais e mudou de assunto.

- Você está me enrolando! - gritou de forma ríspida. - Diga-me! Por que estava rezando por mim? Afinal, eu o agredi e, por minha causa, você também teve que receber o choque.

De forma serena, Áurea se aproximou e interveio na conversa:

- Tudo o que Pedro está tentando fazer é evitar que você retorne para o local de onde foi resgatado.

Desesperado ao pensar na possibilidade de voltar para o seu cativeiro, ele começou a tremer e, baixando a guarda por alguns segundos, declarou:

- Não! Pelo amor de Deus! Não me façam voltar para aquele lugar.

- Você permite que Pedro e eu o auxiliemos a reviver algumas memórias?

- Se forem coisas da guerra, eu não quero ver. Já me basta os anos que tive que assistir aquelas cenas horrendas repetidas vezes. Acho que preferia as sessões de espancamento a ter que assistir àquilo - confessou o homem tentando controlar as lágrimas.

- Não serão sobre a guerra. Apenas lembranças que o permitirão compreender os motivos pelos quais Pedro rezou por você e também o porquê desses sentimentos que só lhe trazem sofrimento.

Mesmo temeroso e desconfiado, João assentiu com a cabeça, dando autorização para que o procedimento pudesse ser feito. Posicionando-se atrás de João, Áurea repousou a mão sobre a sua testa, enquanto Pedro começou a cantar um antigo hino religioso que havia aprendido com um dos pacientes do hospital. Ao finalizar a canção, Pedro fez uma linda oração e, encorajado por sua Mentora, começou a conversar com João, trazendo-lhe lembranças de sua vida como Atécio. Aos poucos, ele se recordou de sua grande amizade com Clarice e de como se sentia oprimido por ter que esconder seus sentimentos dos pais e da sociedade. Lembrou-se também da "traição" de sua prima e de como sofreu ao ser obrigado a se alistar no exercício.

Após uma oração, Pedro finalizou o trabalho e, com carinho, consolou o amigo, que estava em prantos.

- Todos já estivemos dos dois lados da moeda: machucamos e fomos machucados. Entretanto, nenhum motivo, aos olhos de Deus, é grave o suficiente para alimentarmos a culpa e o rancor. Precisamos nos responsabilizar por nossos atos e seguir em frente, fazendo escolhas melhores e auxiliando a todos que pudermos.

- Isso não faz sentido! - exclamou com a voz embargada pelo choro.

- Está dizendo que o que eu disse não faz sentido?

- Não! O que eu fiz não faz sentido. Qual foi a lógica de eu ter direcionado a minha raiva àqueles que, assim como eu, eram oprimidos?

– Depois de muito tempo, aprendi que quando somos machucados, geralmente, temos três caminhos a seguir: no primeiro, culpamos o agressor, alimentando a raiva e a sede de vingança por aquele nos feriu e por todos aqueles que, de alguma forma, assemelham-se a ele; no segundo, culpamos a nós mesmos, acreditando que nosso comportamento foi a causa de todas as nossas dores e que, portanto, nós e aqueles que se assemelham a nós são anormais e precisam sofrer.

– Eu segui o segundo caminho, não foi? Mas, qual seria o terceiro?

– Trabalhar o perdão para com aqueles que nos agrediram e para conosco. Afinal, alimentar a raiva não faz bem a ninguém e, de verdade, ninguém merece sofrer.

– Eu confiei em Clarice, quero dizer, em você.

– Eu sei. Ainda não recebi a autorização para ter acesso a todas as lembranças dessa vida como Clarice, contudo, sei que o medo de me impor foi um dos meus pontos fracos. Por mais que quisesse ajudar as pessoas, tinha medo do meu pai, do julgamento e da retaliação alheia e, dessa forma, cedia à pressão daqueles que me rodeavam. Eu estou aprendendo a me perdoar por meus erros pretéritos. E você? Me perdoa?

– Ainda não sei, mas acredito que isso pode acontecer. Acho que meu maior problema será me perdoar – disse enfatizando o "me".

– O autoperdão é o maior dos desafios e todos trabalhamos diariamente para o alcançarmos.

Alegre com os resultados do trabalho, Áurea interveio mais uma vez:

– Agora, acho que ambos precisam descansar. Prometemos visitá-lo amanhã.

– Eu gostaria – confessou João com um ar acanhado.

Emocionado, Pedro se deu conta que a densa e escura massa energética, que antes envolvia João, havia sido parcialmente dissipada e ele conseguia enxergar a esperança nos olhos de seu antigo amigo.

Após se despedirem de João, Áurea e Pedro seguiram para os dormitórios a fim de que pudessem descansar um pouco.

- Acabei não conhecendo a ala C - comentou Pedro.

- Amanhã retornaremos para visitar o João e você poderá conhecê-la.

* * *

AO ACORDAR NA manhã seguinte, Pedro fez suas orações e depois caminhou até o jardim, onde encontrou Áurea conversando com Ezequiel.

- Ezequiel, que bom que está aqui! Tenho muitas coisas para lhe contar.

- Áurea comentou sobre os atendimentos de que pôde participar ontem. Fiquei feliz em saber que está ajudando João a se restabelecer. O antigo Mentor dele tentou auxiliá-lo por diversas vezes, mas ele nunca havia se aberto como fez com você.

- Sei que a recuperação dele será longa e trabalhosa, mas estou feliz em saber que os primeiros passos já foram dados.

- A conversa está boa, mas terei que interrompê-los - comentou Áurea, colocando as mãos sobre os ombros dos amigos. - Ainda temos muito trabalho a ser feito e não podemos nos atrasar.

- Tudo bem! - exclamou Ezequiel. - Em breve, Pedro e eu teremos oportunidade de colocar o papo em dia.

Após se despedirem de Ezequiel, Pedro e Áurea seguiram para a ala D do setor Irmã Scheilla e, ao chegarem à porta de um dos quartos, ela sorriu e disse:

- Tenho uma surpresa para você. Entre, alguém o espera.

Curioso, Pedro abriu a porta e, surpreso, encontrou a jovem que ajudou na enfermaria no dia anterior. Desperta, ela estava sentada em sua cama conversando com Vânia.

- Olá, meus queridos! Quero que conheçam Lucinda - disse Vânia com alegria. - Lucinda, esses são os irmãos de quem lhe falei.

Envergonhada, Lucinda observou os dois se aproximando e, ao fitar os olhos de Pedro, constatou com surpresa:

- Eu reconheço você! Eu o vi em meus sonhos e você me ajudava a emergir de um lago escuro e frio.

- Não foi um sonho - comentou a médica. - Pedro a ajudou a compreender que nós estamos aqui para ajudá-la. Foi ele quem a incentivou a se abrir para voltar a enxergar a luz de sua fé, permitindo que tratássemos seus ferimentos mais graves durante o seu atendimento em nossa enfermaria.

Em lágrimas, Lucinda abriu os braços para Pedro que, emocionado, sorriu e a abraçou com carinho. Após alguns minutos em que puderam conversar com a paciente, Áurea e Pedro se despediram e caminharam para a ala B.

- É incrível como pequenas ações podem fazer tanta diferença na vida das pessoas! - exclamou extasiado.

- Assim como as grandes conquistas são obtidas por meio de pequenos passos, a caridade pode ser feita através de pequenas ações - explicou com satisfação. - Está pronto para visitarmos o João? Fiquei sabendo que ele teve uma das noites de sono mais tranquilas desde que chegou ao hospital.

- Estou ansioso para continuarmos a conversa de ontem.

- Que bom! Entretanto, não crie expectativas e compreenda que cada um tem o seu tempo.

Adentrando no quarto de João, eles perceberam que, apesar de muito abatido, seu semblante mostrava progresso comparado à visita anterior. Com a permissão do paciente, Pedro se sentou ao seu lado na cama, enquanto Áurea se manteve de pé em oração.

- Como você está? - questionou Pedro.

- Melhor que ontem, mas ainda muito confuso e irritado com tudo o que venho vivenciando. Passei a noite pensando naquelas pessoas que me aprisionaram. Eles são as vítimas que fiz durante a guerra, não são?

– Sim. Contudo, entenda que não existem vítimas e algozes, apenas irmãos que se machucam por não compreenderem a verdade sobre o amor.

– Mas, se eu os machuquei, eles tinham razão em querer me machucar: "olho por olho dente por dente" – constatou entristecido.

– Embora a Lei de Talião[31] tenha tido o seu valor, visto que impedia que a pena fosse desproporcionalmente maior que o crime cometido, esse senso de justiça foi suplantado pelos ensinamentos de Jesus que nos pede para oferecermos a outra face.

– Meu Deus! – exclamou atônito com uma lembrança que há muito estava esquecida. – Era isso que Ezequiel e você estavam ensinando naquele dia em que discutimos no Hospital Colônia, não era?

– Sim. Como lhe dissemos anos atrás, se agirmos com ódio e desprezo, estaremos nos igualando àqueles com os quais discordamos e entraremos em um ciclo de violência sem fim. Você errou em machucar esses irmãos de forma irracional e desnecessária, mas eles também erraram em retribuir a injúria.

– Alguém tem que quebrar esse ciclo – afirmou surpreso com as próprias palavras.

– Está disposto a tentar? – perguntou Pedro esperançoso.

– Vocês me ajudam?

Emocionada e satisfeita com a esperança que florescia no coração de João, Áurea interveio com alegria.

– Isso é tudo o que mais queremos. Conte conosco!

Felizes com a conquista do amigo, Pedro e Áurea pediram permissão para fazer uma oração e, após terem aliviado um pouco o coração de João, se despediram, seguindo para a ala C, onde estavam os pacientes em sono reparador.

---

31 A lei de talião faz parte do chamado "código babilônico de Hamurabi" (1770 a.C.) e consiste na rigorosa reciprocidade do crime e da pena (retaliação), sendo um de seus trechos mais conhecidos o famoso "olho por olho, dente por dente".

– Estou orgulhosa de você! – ela exclamou sorrindo.

– Nada disso seria possível sem a sua ajuda, minha amiga. Só espero que João não fraqueje e que, logo, possa ser transferido para a ala D. Lá, eu teria a possibilidade de visitá-lo com mais frequência.

– Acredito que isso ocorrerá em breve. Todavia, você pode continuar visitando-o aqui.

– Continuarei sendo autorizado a transitar por essas alas do hospital?

– Não só está autorizado, como me pediram para informá-lo que você foi convidado a auxiliar no atendimento de alguns dos irmãos que estão aqui.

– Eu prometo que farei o meu melhor.

Chegando à ala C, Pedro ficou surpreso com a grande quantidade de leitos ocupados por pacientes adormecidos e, com certa melancolia, exclamou:

– Eu não imaginava que seriam tantos!

A convite de Áurea, ele se colocou à frente da maca de um senhor idoso e descreveu o que sentia:

– Ainda existe uma densa emanação negativa o envolvendo. Isso é resultado da influência de Espíritos na zona de refazimento?

– Também, mas boa parte do que você está sentindo parte do próprio paciente. A ligação entre os Espíritos, estejam eles encarnados ou desencarnados, só acontece quando há sintonia energética.

– Mas, aqui ele está protegido, não está?

– Sim. Mesmo que alguns grupos de desencarnados tentem invadir o hospital, a barreira energética os impede.

– Eles tentam invadir? – perguntou preocupado.

– Embora hoje não percebamos as tentativas com intensidade, elas ainda acontecem.

– Antes era possível sentir?

– Sim. Porém, com a ampliação de nossa área de atuação, ganhamos um terreno de amortecimento. Dessa forma, os ataques acontecem nas barreiras externas ao hospital que ficam distantes o suficiente das dependências de onde estamos. Mas fique tranquilo, pois, enquanto se mantiver em harmonia, estará protegido em qualquer lugar que estiver.

* * *

COM O PASSAR dos meses, Pedro passou a se dedicar ao auxílio em todas as alas do hospital, dividindo o seu tempo entre o trabalho e os estudos. Contudo, sempre que tinha um tempo vago, visitava seus amigos Lucinda e João, os quais agora eram vizinhos de quarto na ala D do setor Irmã Scheilla.

Em uma tarde, após retornar de uma visita que fizera à sua família material, Pedro descansava no jardim do hospital quando foi surpreendido com a chegada de seu grande amigo.

- Posso me sentar ao seu lado? - indagou Ezequiel com um sorriso.

- Claro! Já estava sentindo a sua falta. Faz meses que não vem me visitar.

- O trabalho no Hospital Colônia está cada vez mais intenso.

- Imagino! Será que um dia poderei ajudá-lo nesse trabalho?

- Sim e em breve. O seu trabalho junto ao setor Irmã Scheilla tem sido uma ótima forma de se preparar para isso. Tanto que me pediram para avisá-lo que recebeu autorização para auxiliar em um trabalho de resgate na zona de refazimento.

- Seria o que eu acho que é? - perguntou ansioso.

- Sim, meu amigo, estou falando do resgate de seu pai. Entretanto, entenda que esse processo de resgate pode ser demorado e que as coisas talvez não saiam como imaginamos.

- Você não tem ideia do quanto eu rezei para que esse dia chegasse - declarou Pedro alegre. - Contudo, achei que ainda demoraria mais tempo para o meu pai aceitar o auxílio.

- A situação de seu pai é delicada e, por isso, com autorização das esferas superiores, serão feitas algumas intervenções atípicas.

Pedro não compreendeu o que Ezequiel quis dizer com aquele comentário, mas preferiu permanecer em silêncio e continuar a ouvi-lo.

- Além disso, a equipe de auxílio que está cuidando de seu pai acredita que terão mais chances de sucesso se, antes, você puder se familiarizar com alguns fatos sobre o passado de Joaquim.

- E como terei acesso ao passado de meu pai? - questionou curioso.

- Você fará uma espécie de regressão, na qual, lembranças anteriores ao seu reencarne como Pedro serão reavivadas em seu mental.

- Mas essas regressões mostrarão o meu passado e não o de meu pai.

- E quem lhe disse que você não fez parte do passado de seu pai?

- E quando esse processo será feito?

- Amanhã pela manhã.

Ansioso, Pedro passou o resto do dia se questionando sobre o que Ezequiel quis dizer quando comentou sobre intervenções atípicas serem necessárias para o resgate de seu pai. Também não conseguiu parar de pensar sobre o que as lembranças de seu passado poderiam conter para justificar toda a intolerância e violência com que era tratado por seu pai. "Será que fiz algo contra ele"? - pensou diversas vezes durante a noite. Ao se recolher no dormitório, ele tentou afastar os pensamentos angustiantes de sua mente e orou, pedindo a Deus que lhe desse força para lidar de forma madura e cristã com tudo o que lhe seria revelado no dia seguinte.

Com autorização da direção do hospital, logo após o nascer do sol, Áurea e Pedro se direcionaram a uma das salas utilizadas para tratamentos de cromoterapia[32]. Ao se deitar na maca, Pedro

32 Tratamento que utiliza ondas emitidas pelas cores auxiliando no equilíbrio entre o corpo e a mente, sendo que cada cor apresenta uma função terapêutica diferente.

fechou os olhos e acompanhou a linda oração feita pela Trabalhadora Espiritual. Por meio de emanações energéticas de Áurea e com auxílio dos aparelhos disponibilizados pelo hospital, o quarto foi tomado por ondas luminosas, que, harmonicamente, alternavam entre diferentes cores. Após perceber que Pedro estava calmo e relaxado, ela o induziu a um sono profundo e iniciou a estimulação energética das áreas de seu cérebro perispiritual responsáveis pela memória.

17

Sob a luz do passado

APÓS A MORTE de Atécio[33], Clarice (Pedro) foi tomada pela culpa, deixando-se abater pela tristeza. Cada vez mais indignada pelos atos de injustiça e intolerância que presenciava, ela se culpava por não ter coragem de reagir e lutar a favor daqueles que sofriam.

Em uma manhã de verão, ela caminhava pela fazenda de sua família, quando viu um grupo de escravos recém-comprados sendo escoltado pelo capataz até a senzala. Tratados com extrema violência e grosseria, eles geralmente andavam de cabeça baixa e, dificilmente, olhavam diretamente para os seus donos ou superiores. Um deles, no entanto, parecia ser diferente: De forma audaciosa e, até inconsequente, ele caminhava de cabeça erguida, enfrentando os olhares furiosos do capataz e de seu dono, o ríspido fazendeiro Clemente (Júnia). Encantada pela be-

33 Atécio (João na encarnação passada) foi primo de Clarice (descrição no Capítulo 16).

leza e valentia do jovem escravo, Clarice não conseguiu tirá-lo da cabeça e passou a noite pensando em como queria ser tão corajosa quanto ele.

Na manhã seguinte, ela foi até a cozinha conversar com Candinha (Vilma), uma escrava com cerca de quarenta anos que era considerada pela jovem como uma segunda mãe. Após a morte de sua mãe biológica durante o parto, a pequena Clarice foi amamentada pela escrava, a qual havia acabado de perder sua filha devido a um aborto durante o nono mês de gestação.

– Bom dia! – disse a jovem ao se sentar à mesa e começar a devorar um delicioso pedaço de bolo de fubá.

– Bom dia, minha menina! A sinhazinha sabe que seu pai não gosta que tome o café da manhã aqui na cozinha com os escravos. Espere ele acordar e tome o café com ele lá na sala de jantar.

– Isso é um absurdo! Afinal, a sua companhia é muito melhor que a dele.

– Não fale isso! – sussurrou Candinha. – Se seu pai a ouve falando isso, ficará irado.

– Eu queria ter coragem de dizer tudo o que penso – comentou entristecida. – No entanto, as únicas pessoas para quem já abri o meu coração foram Atécio e você.

Tomada pelas lembranças do primo desencarnado, ela abaixou a cabeça sobre a mesa e entregou-se às lágrimas.

– Acalme-se, minha menina! O que aconteceu com o sinhozinho Atécio não foi sua culpa. Além disso, os pais dele acabariam descobrindo tudo de um jeito ou de outro.

– Por que meu pai não pode ser bondoso como você? – questionou a jovem, levantando a cabeça e sorrindo para a querida amiga. – Ele parece não se preocupar com o que sinto ou penso.

– Ele ama a sinhazinha, apenas não consegue se expressar. Talvez seja pela forma como foi criado.

– Isso não é justificativa! Você nasceu naquela senzala, foi maltratada, chicoteada no tronco e, nem por isso, tornou-se uma pessoa má e vingativa. Além disso, minha mãe foi criada dentro dos mesmos moldes rígidos e preconceituosos que meu pai e, segundo o que você e todos que a conheceram contam, ela era uma mulher caridosa e cheia de amor no coração. Não acredito que a nossa criação seja responsável por todas as nossas ações, deve haver algo mais.

Admirada pelas palavras da jovem, Candinha se aproximou e sussurrou:

- Tem razão, há coisas que carregamos na alma e já nascemos com elas. Entretanto, seu pai não foi sempre assim. Antes da morte da sua mãe, ele era alegre e menos estúpido com os escravos. A saudade de Dona Sílvia e o tempo parecem tê-lo endurecido.

- Será que um dia eu terei coragem de ser verdadeira com ele e com as outras pessoas como sou com você?

- Isso depende da sinhazinha. Todavia, compreenda que nem sempre devemos falar tudo que vem à nossa cabeça, pois devemos nos preservar. Veja o caso daquele menino que chegou ontem: revoltado e valente, enfrentou seu pai e os capatazes e, em menos de um dia na fazenda, já teve que passar a noite no tronco.

Inquieta e preocupada, Clarice se levantou bruscamente e começou a falar de forma acelerada e quase incompreensível:

- Ele foi o único escravo jovem que chegou ontem, só pode ser ele. Ai, Meu Deus! O que meu pai fez? Coitado do rapaz! Eu percebi que ele tinha um olhar altivo e destemido, mas não imaginei que teria coragem de enfrentar o meu pai a esse ponto.

- Acalme-se! Desse jeito a sinhazinha está me deixando tonta.

- O que aconteceu? Por que, exatamente, ele foi punido?

- Parece que o capataz agrediu o pai do rapaz e ele tentou defendê-lo. Pelo jeito, o menino é forte, fiquei sabendo que quebrou o nariz de um dos funcionários de seu pai.

- Ele ainda está no tronco?

- Não. Seu pai deixou ordens para que o tirassem de lá assim que o sol nascesse. Mais tarde, eu vou até a senzala para ver como ele está.

- Candinha, posso lhe pedir uma coisa?

– Estou com medo de dizer sim – respondeu com um sorriso desconfiado.

– Meu pai vai até a casa dos meus tios mais tarde e, devido ao fato de eu ter escondido os segredos do meu primo, ele acha melhor que eu não vá com ele. Você me levaria até a senzala para conhecer esse rapaz?

– Sinhazinha! Por que o interesse repentino nesse menino?

– Eu não sei explicar. Desde que eu o vi ontem, não consigo tirá-lo da cabeça e agora que sei o que ele fez, o meu interesse em conhecê-lo é ainda maior.

Como não conseguia dizer "não" à jovem, Candinha concordou em levá-la para conhecer o jovem escravo. Desse modo, após a saída de Clemente, elas despistaram os funcionários da fazenda e caminharam até a senzala. Como ainda não conhecia o local, a jovem se revoltou ao constatar as condições precárias em que os escravos viviam e não conteve as lágrimas, principalmente após ver o belo rapaz deitado de bruços sobre uma esteira de palha. Com costas em "carne viva" devido às inúmeras chibatadas que recebeu, ele segurava com carinho a mão de seu pai, que, com os olhos rasos d'água, tentava cuidar das feridas.

– A sinhazinha é filha do senhor Clemente? – perguntou o pai do rapaz em pânico, ao mesmo tempo em que se levantava.

– Sim – respondeu assustada com a reação do escravo.

– E o que a sinhazinha está fazendo aqui? Se o seu pai descobrir que está na senzala, acabará nos punindo.

– Qual é o seu nome? – questionou Clarice ao pai do jovem rapaz deitado na esteira, tentando desviar o olhar que teimava em se dirigir para este.

– Severo (Bernardo).

– Senhor Severo, eu sinto muito pela brutalidade com que o meu pai e os homens que trabalham para ele trataram o seu filho. Isso é um absurdo! A escravidão é absurda! – exclamou indignada.

Ao ouvir a declaração de Clarice, o jovem escravo se sentou com dificuldade e retrucou de forma ríspida:

- Sério?! Então diga isso ao seu pai!

- Luiz (Joaquim), não fale assim com a moça! Quer ser mandado para o tronco novamente? - questionou Severo amedrontado.

- Eu nunca faria isso! - exclamou Clarice, angustiada.

- A sinhazinha pode brincar de antiescravagista o quanto quiser, mas, no fim do dia, é no nosso lombo que a "chibata canta" - gritou Luiz irritado.

Entristecida pela forma como foi tratada pelo rapaz, Clarice voltou correndo para a casa-grande e se trancou no quarto. Chorando, ela repetia para si mesma em pensamento: "Ele tem razão, do que adianta eu ser contra a intolerância e a violência se não faço nada a respeito? Eu falhei com Atécio e falharei com o Luiz também".

* * *

EMBORA AINDA NÃO tivesse coragem de enfrentar o pai, Clarice queria se redimir de sua omissão diante de tanta crueldade e passou a tentar ajudar os escravos como podia. Escondida de Clemente e seus empregados, ela passou a visitar constantemente a senzala, levando comida da casa-grande para os mais idosos e para as crianças. Tais ações não passaram despercebidas por Luiz, que, com o tempo, passou a vê-la com outros olhos. Aquela bela jovem de longos cabelos castanhos havia despertado algo no coração duro e sofrido do rapaz e, assim como Clarice, ele sonhava com a possibilidade de estarem juntos.

Cerca de seis meses após se conhecerem, os jovens finalmente tiveram a oportunidade de conversarem novamente. Ele foi mandado até a casa-grande para fazer alguns consertos na cozinha e se surpreendeu com a chegada da moça.

- Bom dia! - exclamou o jovem com receio.

- Bom dia! - ela respondeu nervosa. - Onde está Candinha?

– Ela foi pegar mais lenha para fazer o almoço. Eu disse que pegaria, mas ela recusou, acredito que seja por causa da minha dor nas costas.

– Suas costas ainda doem? Mas já se passaram seis meses!

– Acontece que nesses seis meses fui levado para o tronco mais algumas vezes – declarou tentando esconder a revolta. – Da última vez foi pior e não estou dando conta do trabalho da lavoura. Acredito que seja por isso que estão me usando para consertar as coisas por toda a fazenda. Acho que pelo preço que pagariam por um escravo "quebrado", não vale pena me vender.

– Eu sinto muito! – exclamou entristecida.

Após alguns segundos de silêncio constrangedor, Clarice olhou diretamente nos olhos de Luiz e, temerosa, questionou:

– Você ainda me odeia?

– Eu não odeio você, odeio o seu pai. Por qual motivo eu a odiaria?

– Talvez por eu ser filha do meu pai!?

– Ainda não sei bem o porquê, mas o que sinto por você é muito diferente de ódio – declarou o rapaz com um sorriso sincero. – Não consigo parar de pensar em você.

Tentando disfarçar a empolgação, Clarice encheu um copo com a água da moringa que estava sobre a mesa e, tremendo, deixou-o cair no chão. Por impulso, ambos os jovens se abaixaram para recolher o copo, quando seus rostos quase se tocaram.

– Luiz! – gritou Candinha ao entrar na cozinha e se deparar com a cena. – Sorte de vocês que fui eu quem os flagrou nessa situação.

Sorrindo, o rapaz se despediu de Clarice e saiu, enquanto ela se sentou à mesa e começou a chorar.

– Por que está chorando? Luiz lhe fez alguma coisa? – indagou a senhora preocupada.

– Não. Ele disse que gosta de mim e agora tenho certeza de que também gosto muito dele.

- Minha querida! Você sabe que vocês nunca poderiam ficar juntos.

- Eu sei e é por isso que estou chorando. Eu jamais serei feliz.

* * *

COM O PASSAR dos meses, o amor entre os jovens parecia cada vez maior e, contrariando o seu comportamento usual de "boa moça", Clarice cedeu aos encantos de Luiz e eles passaram a se encontrar às escondidas.

Ao saber do fato, Severo repreendeu o filho e implorou que ele desse um fim ao romance, pois temia a reação de Clemente caso descobrisse sobre o relacionamento dos jovens. Apesar do imenso amor e respeito que tinha pelo pai, Luiz não deu ouvidos aos seus conselhos e, em um de seus encontros com a jovem, acabou excedendo os limites. Totalmente apaixonada, Clarice não se opôs às investidas de seu amado e se entregou a ele sem pensar nas consequências.

O amor entre os jovens era intenso e, quando estavam juntos, tudo parecia perfeito, até o dia em que foram flagrados por Clemente que, desconfiado dos constantes momentos de ausência da filha, pediu que o capataz a seguisse. Este, ao ver a jovem nos braços de Luiz, correu até a casa-grande e relatou tudo ao patrão.

Revoltado, Clemente correu até o córrego onde os amantes se beijavam e arrancou a filha dos braços do escravo, enquanto o capataz e outro funcionário da fazenda partiram para cima do rapaz e, aos socos e pontapés, o imobilizaram. Mesmo sem saber que a filha já havia se entregado ao jovem escravo, o fazendeiro deixou que a raiva falasse mais alto e, sob o olhar irado de Luiz, a jogou contra o chão, questionando-a aos gritos:

- Você ama esse escravo ao ponto de querer perder a sua família e tudo o que tem?

Chorando muito, Clarice não conseguiu responder e seu pai voltou a gritar com ela:

- Responda o que perguntei, terá que escolher entre mim e ele.

Como no passado, Clarice não teve coragem de enfrentar o pai e, tomada por uma imensa angústia, mentiu para ele, dizendo que não amava Luiz de verdade.

Transtornado com a declaração de sua amada, Luiz parou de resistir e se deixou levar pelo capataz para o tronco, onde apanhou por toda tarde e noite. Presa em seu quarto, Clarice era corroída pela culpa e chorava copiosamente.

Na manhã seguinte, antes de Clemente acordar, Candinha foi até o quarto da jovem, encontrando-a encolhida em um canto do cômodo.

- Minha menina, eu sinto muito por tudo isso!

- Luiz ainda deve estar no tronco por minha causa - constatou Clarice em prantos.

Comovida com o sofrimento da jovem, Candinha fez com que a menina se levantasse do chão e se sentasse ao seu lado na cama.

- A culpa não foi sua. Você não é culpada pela intolerância de seu pai.

- Não tente amenizar a situação, pois eu sei que sou culpada. Eu menti dizendo que não o amava.

- E se dissesse que o amava faria alguma diferença? Você realmente acha que seu pai deixaria que fosse embora com um escravo?

- Isso não importa, eu deveria ter falado algo. Eu deveria ter enfrentado o meu pai, nem que fosse para morrer ao lado de Luiz.

Entristecida com o desespero de Clarice, Candinha a abraçou e, em lágrimas, confidenciou parte de seu passado. Ela contou que, quando jovem, havia se apaixonado por Manoel (Jânio), irmão mais novo de Clemente e pai de Atécio. Ao ser correspondida, ela não deu ouvidos a sua mãe, que a avisou que ele nunca a assumiria, e aceitou se entregar ao jovem. Meses depois, quando Manoel decidiu se casar com Lourdes, uma jovem branca de família rica, Candinha foi tomada pelo ciúme e, sem que ninguém soubesse, envenenou o chá da moça quando esta visitava o noivo e a família. Com a morte de Lourdes, ela acreditou que teria seu amado de volta, mas percebeu que nada havia mudado e que ele continuava a vê-la apenas como uma escrava. Devastada pela indiferença do rapaz, ela se afastou da casa-grande e, mesmo descobrindo que estava grávida, decidiu não insistir no relacionamento. Entretanto, quando estava no nono mês de gestação, ficou sabendo que Manoel estava prestes a se casar com outra jovem e, em um momento de desespero, o procurou e confessou que havia matado Lourdes e que o filho que carregava era dele. Embora realmente amasse Candinha, Manoel não queria abrir mão de sua fortuna e sabia que os pais nunca aceitariam a sua relação com uma escrava. Além disso, o seu preconceito falava mais alto e, por medo de como seria visto pela família e pela sociedade, nunca havia cogitado a hipótese de assumir seu amor por Candinha. Assim, se deixando levar por um surto de vergonha e raiva, ele deu uma surra na jovem, o que fez com que ela perdesse a criança.

– Meu Deus! Isso é horrível! – exclamou Clarice estupefata com a história que acabara de ouvir. – Mas, o que aconteceu depois?

– Com medo do que o pai faria se soubesse que ele havia engravidado uma escrava, Manoel não contou a ninguém sobre o meu crime e se casou com a sua atual esposa.

– Isso só me dá mais certeza de que eu deveria ter enfrentado o meu pai. Essa intolerância irracional de acreditar que os negros não merecem ser tratados como pessoas é um absurdo.

– Não lhe disse isso para que ficasse mais revoltada. Disse isso para que percebesse que todos cometemos equívocos. Eu, que você julga ser melhor que o seu pai, tive a coragem de matar uma jovem inocente.

– Mas, você fez isso por causa das circunstâncias.

– Ninguém tem o direito de tirar uma vida, independentemente de seus motivos. Não quero que odeie o seu pai ou si mesma, quero que encontre o perdão.

– E você conseguiu perdoar o meu tio e a si mesma?

– Acordo todos os dias com esse objetivo e sei que, um dia, conseguirei.

Alertada pelos gritos de Clemente, Candinha deu um beijo na testa da jovem e foi para a cozinha.

Ignorando os conselhos de sua ama de leite, a cada dia, o desespero e a revolta de Clarice aumentavam, pois sabia que Luiz continuava no tronco e era açoitado diariamente. Trancada em seu quarto, ela não tinha direito de sair e chorava todos os dias, principalmente depois que soube que o jovem escravo havia sucumbido aos maus tratos e morrido no tronco uma semana após serem flagrados por seu pai. Com a morte de Luiz, Clarice se entregou de vez à culpa e à tristeza e parou de comer, o que fez com que adoecesse gravemente, morrendo algumas semanas depois.

18
Iluminando o presente

COM O ROSTO molhado pelas lágrimas, Pedro abriu os olhos e, com ajuda de Áurea, sentou-se na cama.

– Eu cometi suicídio?! – perguntou Pedro angustiado e surpreso.

– Sim – respondeu de forma calma, ao mesmo tempo que enxugava as lágrimas do amigo.

– O que aconteceu depois?

– Clemente ficou arrasado. Ele amava a filha profundamente, mas não sabia demonstrar. Ele sofreu tanto com a morte de sua esposa que se fechou completamente em seus sentimentos. Mas, a vida nos traz as experiências que nos fazem enxergar o que tentamos ignorar e com o falecimento de sua filha tudo veio à tona. Sem conseguir se perdoar, entregou-se ao álcool e à melancolia. Após libertar Severo e pedir perdão a ele, deixou a fazenda para o irmão e mudou-se para o Rio de Janeiro, onde morreu de cirrose alguns anos mais tarde.

– Mesmo reconhecendo que Clemente foi a última reencarnação de minha mãe, é muito difícil imaginar que ela pudesse ter sido, no passado, tão preconceituosa e cruel com aqueles que ela entendia não merecerem sua consideração.

– Isso mostra o quanto ela conseguiu aprender com tudo o que vivenciou. Após desencarnar, Clemente vagou por anos à sua procura nas zonas de refazimento e, ao encontrá-lo, tentou tudo o que podia para ajudar no seu restabelecimento. Ainda como Clarice, você alimentava uma imensa culpa pelo destino de Atécio e Luiz, fazendo com que Clemente percebesse que não tinha condições de auxiliá-lo de forma eficaz. Severo e eu já estávamos tentando ajudar você e Clemente há muito tempo, mas foi por meio das súplicas de Clemente que conseguimos a abertura necessária para chegar até vocês.

– Agora entendo porque o meu Pai Joaquim parecia ter tanta raiva de minha mãe – comentou entristecido –Também vejo porque ele não conseguia me amar de verdade.

– Mesmo que a maioria de nós não consiga compreender ou praticar o amor verdadeiro, todos nós amamos da forma como sabemos. O seu pai sempre o amou, tanto como Luiz, quanto agora como Joaquim. Entretanto, quando o amor não é embasado nos ensinamentos cristãos, ele "adoece" e acaba trazendo mais tristeza que alegria.

Angustiado, Pedro se levantou da maca e, sentando-se em uma poltrona, olhou diretamente nos olhos de Áurea e questionou:

– E o que aconteceu com o meu pai após o seu desencarne como Luiz?

– No Plano Espiritual, Luiz alimentou o rancor e a sede de vingança por você e Clemente e, por muito tempo, tentou encontrá-los na zona de refazimento. Após vários anos, ele aceitou o auxílio de Severo e, convencido por ele e pela Equipe Espiritual, concordou em reencarnar e tentar reatar os laços com vocês. Infelizmente, o ódio que alimentou por anos falou mais alto.

– Eu compreendo a raiva que ele sentia por nós. Contudo, ao contrário do que aconteceu com Atécio, meu pai não parece ter se tornado intolerante por acreditar ser o culpado pela intolerância que sofreu. O preconceito que ele sempre mostrou ter contra a minha homossexualidade parece ser algo mais profundo.

- Seu pai revoltou-se contra todos que o machucaram e isso deu vazão a muitos outros sentimentos que ele alimentava. Embora tenha sido criado em um lar onde reinavam a tolerância e o amor próprio, fatos relacionados a uma vida passada, anterior a essa em que viveu como Luiz, o levaram a criar uma falsa imagem dos homossexuais, a qual, infelizmente, foi fortalecida por uma experiência traumática que vivenciou durante a infância.

- Durante a infância? E eu posso saber que experiência foi essa? - indagou angustiado.

- Lamentavelmente, ele foi abusado sexualmente quando criança por Cézar, um amigo do pai dele e o avô de Jânio, o que fortaleceu em seu interior a ideia equivocada de que aqueles que têm atração por pessoas do mesmo sexo são pessoas pervertidas e cruéis.

- Meu Deus! Eu nunca fiquei sabendo sobre isso.

- Joaquim nunca contou a ninguém, nem mesmo ao seu irmão, já que sempre teve vergonha de seu passado. Infelizmente, além da vergonha, ele também alimentou o ódio e, anos depois, tirou a vida de Cézar de forma brutal.

Atônito com as informações, Pedro tentou controlar as lágrimas, mas foi tomado pela emoção. Tentando acalmar o amigo, Áurea o abraçou e o envolveu com uma energia reconfortante de amor e harmonia.

- O fato de eu ter sido uma mulher na vida passada tem alguma relação com a minha homossexualidade? - indagou o rapaz ainda abraçado a amiga.

Afastando o tutelado com delicadeza, Áurea segurou suas mãos e explicou:

- Realmente, existem alguns casos em que o Espírito mantém uma grande ligação com a identidade sexual que teve em vidas anteriores e isso pode fazer com que ele sinta que está no corpo errado ou que tenha atração por pessoas do mesmo sexo, mas isso não é uma regra. Entretanto, independentemente dos motivos, a sua orientação sexual o permitiu vivenciar o preconceito experienciado por Atécio e foi uma valiosa oportunidade para que você pudesse aprender e ensinar a todos ao seu redor que o amor é a base de tudo e que, além de não julgar, devemos promover a tolerância entre os nossos irmãos sempre fazendo uso do respeito e da caridade e abolindo qualquer tipo de violência. Um dia, todos compreenderão que o sexo masculino ou feminino é parte do corpo material, e não de nossa essência Espiritual, assim, o que importa é o amor que sentimos, o qual sempre deve ser trabalhado dentro dos ensinamentos cristãos.

- Há tantas outras coisas que preciso lhe perguntar! - exclamou Pedro enxugando as lágrimas.

- Pode perguntar. Mas, lembre-se de que deve tentar manter seu equilíbrio. Esse trabalho de regressão tem como objetivo ajudá-lo a entender o comportamento daqueles que ama para, assim, poder ajudá-los de forma mais efetiva.

- Sobre a Vilma e o Jânio, fiquei surpreso com a história passada deles, nunca imaginei que fosse algo tão profundo e complicado. Será que eles conseguirão vencer todo rancor e culpa pelo o que aconteceu entre eles?

- Embora tenha se arrependido de seus erros e se tornado uma pessoa muito melhor com o passar dos anos, Candinha não conseguiu perdoar Manoel de verdade. Dessa forma, esse relacionamento que eles têm hoje é a oportunidade de trabalharem o perdão e reacender o amor que sempre tiveram um pelo outro. Fique tranquilo, acreditamos que, em breve, eles se acertarão.

- Agora, sabendo que Jânio foi pai de João na reencarnação passada, fiquei com uma dúvida: se os maiores ressentimentos de João foram com o pai e comigo, por que apenas eu tive contato com ele nessa última reencarnação?

- Quando reencarnamos, temos uma longa lista do que pretendemos lapidar em nossas vidas e nunca conseguimos resolver tudo de uma só vez. Além disso, embora João precisasse da reencarnação para aprender a lidar com seus sentimentos e preconceitos, ele ainda não estava pronto para reencontrar vocês. O seu contato com João não fazia parte do planejamento original, mas foi uma linda e maravilhosa oportunidade construída a partir das escolhas que ambos fizeram.

- Pelo jeito, o único que não deixou dívidas a serem pagas foi o meu tio Bernardo. Sempre o vi como um homem bom e tolerante, mas nunca imaginei que ele tivesse participado do resgate da maioria de nós.

- Ele realmente tem um nível de esclarecimento moral maior do que muitos de vocês, contudo, não se engane, pois, seu tio ainda tem muito a aprender, principalmente em relação ao seu pai. Eles têm uma longa história juntos e, aos poucos, Bernardo vem aprendendo como lidar com esse amor sem se machucar com as atitudes desmedidas do irmão.

- Agora, eu prometo que será a última pergunta - comentou Pedro com um sorriso envergonhado. - E sobre a Sílvia, a minha mãe quando eu vivi como Clarice? Embora eu não tenha lembranças dela, visto que ela desencarnou durante o meu nascimento, queria muito saber mais sobre ela.

Com um sorriso nos lábios, Áurea pegou as mãos de Pedro e, com muito carinho, disse:

- Após o desencarne, Sílvia sempre permaneceu ao seu lado e tentou auxiliá-lo de todas as formas que podia, estando também presente no momento de seu desencarne e em seu resgate da zona de refazimento. O amor dela era muito grande e, por isso, ela também cuidou de você durante o seu restabelecimento e readaptação.

- E onde ela está agora?

- Quando você decidiu reencarnar como Pedro para, dessa forma, aprender que a melhor forma de lutar contra o preconceito é por meio da fé e do amor, ela se comprometeu a ajudar, assumindo a posição de sua Mentora Espiritual.

Surpreso e confuso, Pedro olhou nos olhos de Áurea e, tentando controlar a emoção, questionou:

- Você está querendo dizer o que eu acho que está?

Emocionada, Áurea fechou os olhos e se deixou envolver por uma intensa luz azulada que aos poucos se dissipou, evidenciando sua imagem como Sílvia, uma jovem senhora de pele branca e longos cabelos castanhos.

- Eu nunca abandonei você - declarou com um sorriso quase angelical. - Assumi outro nome e imagem, pois, embora você estivesse sob o efeito do véu do esquecimento, eu sabia que Clarice e eu éramos fisicamente muito parecidas e temi que, de alguma forma, lembranças de sua vida passada pudessem prejudicá-lo.

Sem palavras para descrever a alegria que sentia, Pedro apenas a abraçou com muito carinho, agradecendo a Deus por ser tão amado.

19

Há Luz em todas moradas do Pai

PASSADOS ALGUNS DIAS após o primeiro tratamento de regressão, Pedro teve a oportunidade de se lembrar de outros momentos de sua vida como Clarice, principalmente daqueles relacionados ao período em que esteve na zona de refazimento. Assim, sentiu-se mais preparado para finalmente se juntar ao grupo de socorro que tentava resgatar Joaquim.

Acompanhado por Sílvia, que voltou a usar o nome e imagem de sua última vida material, Pedro se encontrou com dois Trabalhadores Espirituais no jardim do hospital.

- Pedro, esses são Quirino e Julião - Sílvia os apresentou de forma serena. - Julião foi o Mentor de seu pai nessa última vida material e Quirino é o líder do grupo de socorro que tentará resgatá-lo.

- Fico feliz em conhecê-los e agradeço muito pelo que têm feito por meu pai - declarou Pedro com uma certa surpresa com a imagem do socorrista. - Espero poder auxiliá-los de alguma forma.

Percebendo o olhar curioso do rapaz, Quirino sorriu e disse:

- Tem algo que queira me perguntar?

Envergonhado, Pedro coçou a cabeça e confessou:

- Eu já conheci vários socorristas na enfermaria do hospital, mas é a primeira vez que vejo um tão semelhante aos pacientes que são trazidos das zonas de refazimento.

Ao contrário da imagem que muitos têm dos Trabalhadores Espirituais, usualmente vestidos de branco e sem marcas físicas de seu passado, Quirino, assim como muitos outros socorristas, vestia-se de forma semelhante aos demais desencarnados que vivem nas zonas de refazimento, além de manter as cicatrizes resultantes das ações equivocadas de sua vida material e do período em que também vagou pelas zonas de refazimento.

- Não precisa se envergonhar - comentou Quirino sorrindo. - Sua surpresa é comum e já estou acostumado. Realmente existem socorristas que mantêm uma imagem mais parecida com a de vocês que trabalham no hospital, porque isso é necessário para sensibilizar e alcançar determinados irmãos que só se abrem para o auxílio de alguém que julgam ter alcançado uma posição Espiritual mais elevada. Não obstante, existem muitos irmãos que precisam nos ver como iguais, pois, assim, têm a certeza de que os compreendemos e sabemos exatamente o que sentem. Além disso, ao mantermos as marcas de nossos equívocos, lembramos a nós mesmos o quanto progredimos até o momento e isso ajuda a nos manter de pé, impedindo que nos deixemos levar pelas tentações que a zona de refazimento e o plano material nos oferecem diariamente.

Admirado com a explicação do trabalhador, Pedro apenas assentiu com a cabeça e sorriu. Com o objetivo de preparar o rapaz para a situação que presenciaria em breve, Julião, educadamente, questionou Sílvia:

- Você teve a oportunidade de explicar ao Pedro a atual situação de Joaquim?

- Eu expliquei o panorama geral, mas prefiro que vocês deem os detalhes.

- Tudo bem! - concordou Julião, aproximando-se de Pedro e colocando a mão sobre o seu ombro. - Como deve saber, após o desencarne de seu pai, eu e os demais integrantes da equipe de socorro ficamos ao seu lado, tentando fazer com que deixasse de alimentar o ódio e o orgulho, porém não tivemos sucesso. Dessa forma, por sintonia, ele se permitiu ser levado por Irmãos Espirituais que, por ignorância moral, acreditam que a vingança é a forma correta de se fazer justiça. Esse grupo de desencarnados é, atualmente, liderado por Cézar, um antigo desafeto de seu pai.

- Esse seria o mesmo Cézar que abusou de meu pai quando criança?

- Sim. Entretanto, a rivalidade entre eles é muito mais antiga do que imagina. Vou tentar dar uma explicação breve sobre os fatos, mas continuarei chamando-os de Joaquim e Cézar para que fique mais fácil de compreender. Houve uma época em que eles eram muito amigos, quase irmãos, mas o ciúme os afastou. Na reencarnação em questão, Cézar nutria um grande amor por Joaquim, porém, por medo e preconceito, não conseguia admitir estar apaixonado por outro homem. Após descobrir que o amigo havia pedido uma jovem em casamento, Cézar se sentiu traído e, arrebatado pelos ciúmes e com o orgulho ferido, atraiu a moça para um local isolado, onde a agrediu física e sexualmente. Tomada pela vergonha e o medo do julgamento que receberia da sociedade da época, ela acabou optando pelo caminho mais tortuoso e tirou a própria vida. Devastado pela perda do grande amor, Joaquim procurou Cézar em busca de consolo, o qual se sentiu culpado pela dor do amigo e acabou admitindo seu amor por ele, além de confessar o crime que havia cometido. Então, em um acesso de fúria, ele matou Cézar e cometeu suicídio logo em seguida.

Fazendo uma breve pausa em sua explicação, Julião olhou para Sílvia e, em pensamento, perguntou:

- "Posso continuar? Preocupa-me citar fatos da encarnação seguinte, pois Pedro esteve presente como Clarice e não sei o quanto ele realmente sabe sobre o que aconteceu."

- "Continue" - autorizou Sílvia também em pensamento. - "Com o aval de meus superiores, eu o ajudei a relembrar fatos dessa reencarnação em questão".

Assim, ele continuou:

- Na encarnação seguinte, você estava reencarnado como Clarice e conheceu Cézar como capataz de Clemente[34]. Nos vários anos em que trabalhou na fazenda, Cézar agiu com muita crueldade ao lidar com os escravos, mas foi demasiadamente sádico com Joaquim, que, como sabe, chamava-se Luiz. Quando este estava no tronco, Cézar dobrava ou triplicava o número de chibatadas que costumava dar nos demais, já que, sem compreender exatamente o que sentia pelo jovem escravo, ele sentia a necessidade de descontar nele todas as suas frustrações. Dessa forma, foi pelas mãos de Cézar que Joaquim deixou o plano material.

- Qual é o real sentimento que motiva Cézar? Amor ou ódio? - perguntou Pedro confuso.

- Ambos! Quando amamos de forma irracional e não pautamos os nossos pensamentos e ações nos ensinamentos cristãos, o ciúme, a vaidade e o orgulho podem fazer com que o amor se transforme em ódio.

- E por isso ele abusou de meu pai nesta última encarnação deles?

- Sim, infelizmente! Desde muito jovem, Cézar percebeu que sentia atração por pessoas do mesmo sexo, contudo, escondeu sua homossexualidade da família e, ao se ver infeliz em um casamento de aparências, adotou uma vida sexual totalmente desregrada, abusando sexualmente de vários de seus empregados mais humildes que, sob ameaças, nada comentavam. Embora nunca tivesse olhado para uma criança de forma lasciva, ao conhecer o seu pai, infelizmente, deu vazão ao misto de amor e ódio que sentia por ele, subjugando-o por meio do abuso sexual.

---

34 Clemente (Júnia na encarnação passada) foi pai de Clarice (descrição no Capítulo 17).

- Fico muito triste em pensar como tantas pessoas ainda têm dificuldade em compreender o real valor do amor ao próximo. Por três vidas seguidas, Cézar e meu pai se viram envoltos por uma trama de amor e ódio, sempre acreditando serem vítimas um do outro e não percebendo que a vingança só traz mais dor e sofrimento para todos os envolvidos.

- Um dia, todos perceberão que não há vítimas ou algozes e que cabe a cada um de nós dar fim a esse ciclo de violência e sofrimento - ponderou Julião com serenidade. - Entretanto, para Cézar esse dia ainda está distante e, por vingança, ele tem mantido o seu pai como prisioneiro desde que ele despertou no Plano Espiritual. Lamentavelmente, o orgulho de Joaquim o impediu de pedir ajuda e ele não conseguiu perceber sua responsabilidade diante de tudo que vivenciou, alimentando ódio e rancor durante todos esses anos.

- Se ele não mudou, como poderemos resgatá-lo? - questionou confuso. - Até onde aprendi, o resgate acontece quando a pessoa se arrepende de seus atos e se abre para a possibilidade de mudança.

- Geralmente isso é o que acontece, mas o caso de seu pai é diferente - interveio Silvia. - A tortura física e psicológica que vem sofrendo por todos esses anos, em acréscimo aos sentimentos negativos que ainda alimenta, fez com que ele perdesse totalmente o equilíbrio mental e a própria consciência de si e, segundo nossas avaliações, ele será incapaz de mudar seu comportamento se for mantido em tais condições. Dessa forma, atendendo aos pedidos daqueles que amam Joaquim, as esferas superiores nos autorizam a interferir.

Apreensivo por saber que as condições de seu pai eram mais complexas do que imaginava, Pedro tentou controlar a emoção e, fechando os olhos, pediu a Deus que lhe desse força e discernimento para poder auxiliá-lo da melhor forma que pudesse.

Após uma oração, os quatro trabalhadores deixaram o hospital e seguiram em direção ao local onde Joaquim estava. Durante o caminho que percorriam dentro da zona de refazimento, Pedro conseguiu se manter em equilíbrio, porém não escondia a tristeza em ver tantos irmãos entregues a sentimentos e comportamentos negativos.

- Antes, eu provavelmente julgaria esses irmãos por não aceitarem auxílio - comentou Pedro, comovido ao observar alguns desencarnados que, sem conseguir enxergá-los, rastejavam pelo chão lamacento. - Entretanto, depois de ter a oportunidade de relembrar o período em que estive aqui como Clarice, compadeço-me com a situação em que vivem.

- Nem todas as áreas da zona de refazimento são desse jeito e nem todos sofrem - comentou Quirino de forma amável. - Muitos desencarnados estão aqui porque, conscientemente, desejam. Cézar e seus homens, por exemplo, comprazem-se com o sofrimento alheio e acreditam que isso seja uma vida boa e próspera.

"Como é triste imaginar que eles ainda vivam dessa maneira" - pensou Pedro com pesar. - "O que me consola é saber que um dia todos terão a consciência de que podem ser muito mais felizes vivendo de acordo com os ensinamentos cristãos".

Interrompendo os pensamentos de Pedro, Quirino colocou uma das mãos sobre o seu ombro e, apontando para altos muros logo à frente, exclamou:

- Chegamos!

Espantado com o tamanho do local e com as barricadas feitas de pedras e arame farpado que precediam o fortificado portão de entrada, Pedro olhou para Sílvia e, antes que ele pudesse abrir a boca, seus questionamentos foram respondidos:

- Não se preocupe, os muros não nos impedirão, apesar de eles não saberem disso. - explicou ela sorrindo. - Eles servem para impedir a entrada de Espíritos que, assim como Cézar e seus seguidores, ainda se mantêm ligados à matéria. Os muros evitam que estes invasores saqueiem os recursos ali existentes ou os ataquem de surpresa.

- Vocês têm certeza de que nenhum dos comparsas de Cézar nos enxergará? - Pedro perguntou preocupado.

- Sim. Mas, para isso, devemos nos manter em harmonia. Mantenha-se em oração e não teremos problema.

Ao se aproximarem dos muros, eles encontraram outros três Trabalhadores Espirituais que os esperavam. Após cumprimentar os amigos, Quirino se voltou para Pedro e Sílvia e lhes disse:

- Quero apresentá-los a Estevão e Elias, que fazem parte do grupo de socorro no qual trabalho. E esse é o nosso amigo André, que juntamente com Julião, está sempre ativo e atento para qualquer mudança no estado de Joaquim. Pedro, sei que não chegou a conhecê-lo na matéria, mas André foi seu avô paterno.

Feliz em conhecer o avô, Pedro o abraçou com carinho, mas, preocupado, não conseguiu deixar de pensar: "Seremos apenas nós sete"?

- Fique tranquilo, pois os demais integrantes do grupo de socorro estão trabalhando por perto caso precisemos - explicou Quirino ao captar a aflição de Pedro.

Sem serem percebidos, eles atravessaram o portão e caminharam pelas ruas escuras e sujas da vila. Com muita surpresa e apreensão, Pedro observava os Espíritos desencarnados que transitavam pelo lugar e percebeu que, embora sujos e maltrapilhos, eles não pareciam tão famintos e desesperados quanto os irmãos que viu nas áreas externas aos muros. Respondendo as dúvidas estampadas no rosto de Pedro, Julião explicou:

- Desde que se submetam às regras impostas por Cézar, esses Espíritos recebem alimento, abrigo e são supridos de seus vícios.

- Então, de forma transversa, eles são bem tratados, certo? - questionou Pedro confuso.

- Aqui, esses irmãos não passam fome ou sede, entretanto, tornam-se cada vez mais dependentes daquilo que os aflige, pois continuam alimentando os seus vícios ao trabalharem como vampirizadores de irmãos ainda encarnados. Contudo, esse seria o clássico caso de "o escândalo é necessário", uma vez que aqui acabam tendo oportunidades de se autoavaliarem e se arrependerem de suas ações.

- Como Cézar ganhou todo esse poder em tão pouco tempo? Pelo que Sílvia me contou, acredito que faz pouco mais de trinta anos que ele está no Plano Espiritual.

- Pouco tempo depois que chegou ao Plano Espiritual, ele foi resgatado por um Espírito que fez parte de seu passado e que era o líder deste local. Ele tinha um grande apreço por Cézar e ensinou a ele tudo o que sabia. Como cada um tem o seu tempo e ele chega para todos nós, após várias análises pessoais e intervenção dos seus Benfeitores, esse irmão decidiu que era hora de mudar o curso de seu caminhar e, finalmente, permitiu-se receber auxílio. Na época, ele tentou convencer Cézar a acompanhá-lo, mas foi rechaçado pelo pupilo.

Em silêncio, Pedro refletiu sobre tudo o que acabara de ouvir e, entristecido com tudo o que via e ouvia, continuou a seguir os demais trabalhadores, adentrando em uma grande construção que ficava na área central da vila. Caminhando por corredores frios, escuros e fétidos, ele se lembrou do Hospital Colônia de Barbacena e sentiu uma grande angústia tomar conta de seu ser. Percebendo a situação, Sílvia se voltou para ele e indagou:

- Pedro, você está bem?

- Acho que esse lugar me trouxe lembranças ruins.

- Não acho que foi apenas o lugar - comentou Julião apontando para uma das celas. - Estamos bem em frente ao cativeiro de seu pai e, devido à forte ligação afetiva que têm, acredito que você já tenha conseguido senti-lo. Venha, precisamos nos apressar, pois, embora não nos vejam, a perturbação energética que promoveremos neste lugar poderá trazer certo incômodo àqueles que aqui habitam e, se assim for, logo, poderão desconfiar que estamos aqui.

Acompanhando os demais trabalhadores, Pedro atravessou a porta que aparentava ser feita de aço e, assustado, viu uma pessoa deitada em posição fetal no canto da cela. Esquálido e imundo, o corpo do homem estava nu e repleto de mutilações, sendo que suas mãos e pés haviam sido decepados. Captando a agonia de Pedro ao se deparar com as condições físicas de Joaquim, Sílvia segurou em suas mãos e, com carinho, alertou:

– Como lhe explicaram, foram anos de intensas torturas físicas e psicológicas. Você precisa ser forte, lembre-se de que está aqui para ajudar o seu pai. Mesmo que ele não tenha conseguido expressar isso na última vida material, Joaquim o ama muito e precisamos que ele sinta o quanto você também o ama.

Tentando controlar a emoção, Pedro se juntou ao grupo em uma linda oração, preenchendo o cômodo com energias curativas e acalentadoras. Ainda tomado por sentimentos destrutivos, Joaquim percebeu a mudança energética do ambiente e, extremamente incomodado, começou a grunhir de dor. Motivando Pedro a auxiliar seu pai de forma mais direta, Julião apertou sua mão e o aconselhou por pensamento:

– "Mesmo que não o reconheça como Pedro ou Clarice, talvez ele seja capaz de sentir o amor que existe entre vocês. Entretanto, não adiantará usar palavras, pois ele não está em condição de nos compreender."

Assentindo com a cabeça, Pedro deixou a roda de oração e se sentou ao lado de Joaquim. Colocando a cabeça do pai sobre o seu colo, ele começou a cantarolar um hino religioso que aprendera com sua mãe quando criança. Embora ainda sentisse extremo desconforto com as energias emanadas por Pedro e pelos demais trabalhadores, as carícias que o filho fazia em seu rosto, aos poucos, fizeram com que Joaquim parasse de se contorcer, permitindo que Julião atuasse diretamente em seu cérebro perispiritual, levando-o a cair em um sono profundo.

Com ajuda de Quirino, Elias e Estevão colocaram Joaquim sobre uma maca, enquanto Julião, Sílvia e Pedro ministravam um passe magnético em seu corpo perispiritual.

Tendo um pouco mais de experiência e uma ligação mais íntima com Joaquim, Cézar sentiu que algo estava errado e, temeroso, correu até a cela do seu prisioneiro. Constatando a ausência de seu desafeto, ele foi tomado pela ira e gritou todos os insultos e palavrões de que tinha conhecimento ao perceber que lhe tiraram o objeto de sua satisfação, o alvo de sua vingança.

20
Onde há fé, há luz

PASSADOS VÁRIOS MESES desde o resgate de seu pai, Pedro descansava no jardim após horas de intenso trabalho de atendimento no hospital. Sentado no balanço de corda, ele finalizava uma oração quando sentiu a aproximação de seu grande amigo.

– Que bom vê-lo! – exclamou Pedro com alegria ao abrir os olhos e ver Ezequiel sorrindo à sua frente.

– Fico muito feliz em vê-lo tão bem.

Levantando-se do balanço, Pedro abraçou o amigo e o convidou para se sentarem junto à margem do lago.

– Sinto muito por ter estado tão ausente – disse Ezequiel com carinho. – O trabalho junto aos irmãos do Hospital Colônia tem ficado cada vez mais intenso e, por isso, não pude vir antes.

– Não precisa se desculpar. Seu trabalho é muito importante e sei que se dedica a ele de todo o coração. Além disso, os dias aqui também têm sido agitados e, com exceção desses meus momentos de oração, quase não tenho parado para descansar.

– E como está o seu pai?

Com um leve ar de tristeza, Pedro baixou a cabeça e respondeu o questionamento do amigo:

- Após dois meses de sono, ele foi despertado, contudo não respondeu bem aos tratamentos. Ele continuava ausente da realidade, não falava ou compreendia o que dizíamos, bloqueando todas as nossas emanações revitalizadoras e parecendo sentir extremo desconforto com a harmonia do ambiente. Nem mesmo a visita de Bernardo durante a emancipação pareceu fazer efeito. Logo, ele foi colocado novamente em sono reparador, mas, segundo Julião e a doutora Vânia, o caso está sendo analisado pelas esferas superiores e, logo, teremos uma resposta do que será feito. Enquanto isso, eu continuo em oração.

- Faz muito bem! A oração é uma ferramenta valorosa para o restabelecimento daqueles que amamos e para manter o nosso equilíbrio diante das situações difíceis.

Após um breve silêncio, Ezequiel colocou a mão sobre o ombro de seu amigo e, sorrindo, disse:

- Lembra-se de que encaminhou uma solicitação para integrar o grupo de auxílio Espiritual que atua no Hospital Colônia de Barbacena?

- Claro! Foi há cerca de cinco anos.

- Há alguns dias, recebi a notícia de que a solicitação foi aceita. Assim, se ainda for o seu desejo, poderá começar quando quiser.

Tomado por uma grande alegria, Pedro abraçou o amigo e disse:

- É claro que eu ainda quero! Amo muito o meu trabalho aqui no Hospital Espiritual, mas, no fundo, sempre quis voltar a auxiliar os nossos irmãos do Colônia.

- Será maravilhoso ter você ao meu lado, contudo, compreenda que o seu trabalho no Colônia como desencarnado será bem mais complexo que aquele que fazia enquanto encarnado.

Assentindo com a cabeça, Pedro sorriu ao perceber a aproximação de Sílvia.

- Pela alegria que vejo estampada em seu rosto, acredito que Ezequiel já tenha contado a novidade - disse ela ao se sentar ao lado dos amigos.

- Então você sabia e guardou segredo!? - questionou Pedro com um sorrisinho maroto.

- Em minha defesa, Ezequiel me fez prometer segredo, pois queria lhe contar pessoalmente.

Alegres, os três conversaram por mais alguns minutos e depois retornaram aos seus afazeres.

* * *

UMA SEMANA DEPOIS, Pedro estava orando ao lado do leito de seu pai, quando percebeu a aproximação de alguém. Finalizando sua oração, ele abriu os olhos e sorriu ao ver que Vânia o observava.

- Bom dia! - cumprimentou a médica com cordialidade. - Espero não ter atrapalhado suas orações.

- Bom dia! Não se preocupe, eu já as estava finalizando.

- Então, hoje será o seu primeiro dia com a Equipe Espiritual que assiste o Hospital Colônia de Barbacena?! Sentiremos a sua falta!

- Eu também sentirei falta de estar aqui todos os dias.

- Cuidaremos muito bem de seu pai e comunicaremos quando tivermos qualquer novidade sobre a sua condição.

- Obrigado! Sempre que puder, virei visitar meu pai e João.

- Apenas eles?! E nós?! - perguntou sorrindo.

- Com certeza também virei visitar vocês! - exclamou com alegria. - Jamais conseguiria abraçar esta nova tarefa sem ter estado aqui com vocês. Sou muito grato por isso.

Ele abraçou Vânia com carinho e já se despediu com saudades.

* * *

ACOMPANHADO DE EZEQUIEL, Pedro chegou à parada de trem próxima ao Hospital Colônia de Barbacena, onde outros Trabalhadores Espirituais esperavam pela chegada de mais uma leva de novos pacientes para a Instituição. Nervoso e emocionado, ele segurou a mão do amigo com força e comentou:

- É estranho estar aqui depois de tantos anos.

- Eu sei, também me senti dessa forma quando retornei. Contudo, lembre-se de que o seu objetivo é auxiliar os irmãos que estão para chegar. Não se deixe contaminar pelo desespero e pela angústia, ao contrário, emane equilíbrio e paz para que eles possam lidar da melhor forma possível com a situação que experienciarão.

Passados alguns minutos, enfermeiros do Colônia chegaram até o local e Pedro pôde observar que eles eram seguidos por vários Espíritos. Alguns eram trabalhadores que tentavam, a todo custo, levar a eles um pouco de amor e carinho para que tratassem os pacientes com respeito e dignidade, outros, no entanto, gritavam atrocidades, estimulando a agressividade e a intolerância daqueles encarnados.

- Sem perceber a nossa presença, esses influenciadores instigam os guardas e enfermeiras a tratarem mal os pacientes, pois sabem que isso favorecerá a colheita de fluidos negativos emanados pelos pacientes e pelos próprios funcionários - explicou Ezequiel.

- Pelo que vejo, os funcionários do Colônia continuam em sintonia com esses influenciadores - constatou Pedro com pesar ao observar a simbiose entre encarnados e desencarnados.

- Nem todos! Olhe quem está se aproximando - disse Ezequiel apontando para uma senhora.

Curioso, Pedro lançou o olhar para uma enfermeira que, orando baixinho, se aproximava dos demais funcionários do hospital. Cercada por integrantes da equipe de socorro Espiritual, ela emanava uma luz azulada que a distinguia de todos os encarnados presentes.

- Essa não é a enfermeira que nos deu medicamentos e comida quando você estava doente? - Pedro questionou surpreso.

– Sim. Como eu lhe disse anos atrás, os funcionários do Colônia não são inimigos dos pacientes. Embora muitos deles precisem da nossa ajuda para compreender que os pacientes devem ser tratados com respeito e carinho, alguns deles já sabem disso e tentam, na medida do possível, auxiliar esses nossos irmãos necessitados.

Interrompendo a conversa dos amigos, o barulho estridente das rodas de ferro sobre os trilhos ecoou pelo ambiente e, entristecido, Pedro observou o trem se aproximar. Tomado por uma névoa escura que só podia ser vista pelos desencarnados, o trem parou e as portas do vagão que trazia os pacientes foram abertas. Ao contrário do que se lembrava quando chegou ao Hospital Colônia há quase duas décadas, ele não sentiu o cheiro de urina, fezes e suor, e sim de medo, dor e desespero.

Um a um, os novos pacientes eram colocados em fila. Entretanto, o que os encarnados não conseguiam enxergar é que, além do Mentor Espiritual, junto a cada encarnado, havia, no mínimo, mais cinco Espíritos. Alguns destes pareciam satisfeitos com a situação e gritavam ofensas ao encarnado que o acompanhavam. Outros, porém, pareciam estar tão assustados e desesperados quanto aqueles que seguiam e choravam implorando misericórdia para com o encarnado.

– É triste ver esses irmãos tentando proteger os seus amores da matéria! – exclamou Pedro comovido. – Por amor a eles, deixam de seguir sua própria jornada e alimentam em si o sofrimento.

– Eles o fazem porque ainda não compreenderam que o amor ao próximo nunca deve suplantar o amor-próprio. Além disso, não compreendem que, dessa forma, não conseguem ajudar aqueles que amam, sendo que, muitas vezes, levam a eles mais angústia e aflição.

Seguindo as instruções de Ezequiel, Pedro se colocou em oração constante, emanando aos encarnados e desencarnados recém-chegados energias positivas que pudessem alimentar a fé e a esperança.

Ao se aproximarem das instalações do Hospital Colônia, Pedro sentiu uma grande pressão no peito e parou por alguns instantes. Percebendo o estado do seu amigo, Ezequiel o envolveu com emanações revitalizadoras, falando por fim:

- Eu compreendo o que está sentindo e podemos parar por hoje se quiser.

- Eu ficarei bem! Não quero desistir.

- Eu sei que não desistirá, todavia, às vezes é necessário recuar para nos restabelecermos e nos prepararmos melhor para o que iremos enfrentar. Além da pesada carga energética que esse lugar tem, você reencontrará muitos de nossos antigos companheiros, alguns ainda encarnados e outros já desencarnados.

- Muitos daqueles que desencarnaram ainda permanecem nas dependências do Hospital Colônia?

- Infelizmente, sim. Devido aos sentimentos que alimentam e ao fato de terem vivido boa parte de suas vidas materiais entre esses muros, permanecem ligados ao Colônia e, por isso, não conseguem sair.

- Eu quero continuar! - exclamou Pedro com os olhos marejados.

Percebendo que Pedro não mudaria de opinião, Ezequiel lhe ministrou um passe magnético e, avaliando que o amigo já estava melhor, alertou:

- Lembre-se de que não é apenas o seu bem-estar que está em jogo. Também precisamos pensar nos irmãos que precisam de nossa ajuda.

- Eu compreendo e prometo que avisarei se não estiver me sentindo bem - falou Pedro com sinceridade.

Adentrando nas instalações do Hospital Colônia, Pedro e Ezequiel foram recepcionados por dois jovens senhores que, alegremente, os cumprimentaram.

- Pedro, quero que conheça Cristóvão e Antunes - apresentou Ezequiel sorridente.

- Cristóvão?! O mesmo que o guiou nos primeiros anos em que esteve internado? - questionou Pedro surpreso.

– Sim. Ele e Antunes fazem parte da equipe.

Com muita paciência e carinho, Ezequiel e Cristóvão explicaram a Pedro como ele poderia auxiliar os irmãos encarnados e desencarnados da instituição. Além da constante emanação energética, ele trabalharia diretamente com Antunes, Mentor de Marcelo, seu antigo pupilo no Colônia, antes do seu desenlace.

Caminhando pelo pátio do Colônia, Pedro tentava se acostumar com o que via, mas tudo era muito novo e assustador. Além da deterioração material que o local sofreu durante os anos que se passaram desde o seu desencarne, ele percebeu que, Espiritualmente, o hospital era mais sombrio que a imagem material que guardava em sua memória. Muitos pacientes e funcionários eram seguidos de perto por Espíritos que tentavam influenciá-los negativamente, os quais absorviam os fluidos por eles emanados de forma sedenta e desesperada. Entretanto, com um pouco mais de observação e a explicação fornecida por Ezequiel, ele percebeu que a atuação desses irmãos não era totalmente caótica como inicialmente aparentava. Existia uma certa hierarquia e organização que eram seguidas à risca. Alguns Espíritos mais experientes tinham autoridade sobre os mais novos, os quais tinham a escolha de trabalharem para eles ou se submeterem a diversos tipos de punições.

Por outro lado, alguns funcionários e pacientes, pareciam imunes a esse tipo de influência e junto a eles estavam apenas os Espíritos que faziam parte das equipes de auxílio do próprio Colônia. Essa imunidade não era um dom ou presente dado a eles, e sim resultado de suas ações, pois tentavam lidar com as adversidades de forma resiliente e amparados pela fé, mantendo seus pensamentos sempre voltados à caridade e ao amor ao próximo. Entre esses irmãos, estava Marcelo, que era visto como conselheiro e guia de muitos internos do Colônia.

De longe, Pedro observou Marcelo conversando com internos recém-chegados e, embora tivesse passado menos de uma década desde a sua morte, ele percebeu o quanto o amigo havia envelhecido.

- Nem se parece com o garoto que conheci - lamentou entristecido.

Com serenidade e alegria, Antunes repousou a mão sobre o ombro de Pedro e explicou:

- Os maus tratos, o excesso de trabalho físico e a má alimentação cobram um preço caro sobre o corpo material, contudo, Espiritualmente, Marcelo nunca esteve melhor.

Convidado por Antunes, os dois se aproximaram dos encarnados para escutarem o que conversavam e, sem conseguir conter a alegria, Pedro ouviu atentamente as palavras de Marcelo:

- Entendo que estejam assustados, contudo, não devem se entregar à revolta e ao desespero, pois a fé será de extrema importância para que consigam manter a sanidade neste lugar. Lembrem-se que as pedras que encontramos no caminho podem nos fazer cair quando estamos desatentos, porém, se tivermos fé e vivermos de acordo com os ensinamentos de Cristo, essas mesmas pedras podem auxiliar-nos a pavimentar a nossa estrada.

- Como é bom ver o quanto ele cresceu e o quanto está ajudando essas pessoas! - exclamou Pedro enxugando as lágrimas.

- Ele tem trabalhado muito para se lapidar moralmente, no entanto, você também é responsável por tudo isso - explicou Antunes. - Continue ouvindo o que ele tem a dizer.

Com muito carinho, Marcelo prosseguia no aconselhamento aos pacientes recém-chegados:

- Estarei sempre aqui para auxiliá-los no que eu puder, pois sei que minha missão neste lugar é tentar levar a luz de Jesus a todos aqueles que acreditam estar na escuridão. Agradeço todos os dias por ter recebido esse apoio assim que cheguei ao Colônia e sempre tento retribuir levando esse mesmo carinho àqueles que chegam. Aprendi tudo o que sei com o meu grande amigo Pedro que, embora já tenha falecido, nunca deixou o meu coração.

Comovido, ele envolveu Marcelo em um abraço carinhoso e agradeceu a Deus pela possibilidade de continuar ajudando o seu grande amigo nessa jornada de auxílio.

21 Sob a luz de novas oportunidades

HAVIAM SE PASSADO dois anos desde que iniciara sua assistência no Hospital Colônia de Barbacena e Pedro já estava totalmente integrado ao trabalho. Com a ajuda de Antunes, ele guiava Marcelo em sua proposta de levar acalento e esclarecimentos aos demais internos, além de auxiliar no reequilíbrio Espiritual de outros irmãos encarnados e desencarnados. Durante esse período, auxiliou no desencarne de vários internos e teve a felicidade de participar do resgate de alguns de seus antigos companheiros que, desencarnados, ainda se mantinham ligados àquele ambiente.

Em uma determinada manhã chuvosa, Pedro tentava confortar os encarnados que esperavam na fila pela primeira refeição do dia quando foi surpreendido pela chegada de Sílvia.

- Bom dia! - Pedro a cumprimentou com um sorriso.

- Olá, querido! Nós precisamos de você no Hospital Espiritual.

- Aconteceu alguma coisa com meu pai? - perguntou apreensivo. - Em minha última visita, ele foi desperto, mas ainda estava alheio a tudo e, após um surto de agressividade, foi colocado em sono reparador pela quarta vez.

- Sim. E por não alcançarmos sucesso em reequilibrá-lo, finalmente, uma atitude mais drástica foi autorizada.

- Sobre o que está falando? - questionou assustado.

- Lembre-se que, para auxiliar o seu pai, você deve se manter em harmonia. Eu poderia ter me comunicado com você à distância, mas preferi vir pessoalmente justamente porque sabia da possibilidade de você entrar em desequilíbrio. Tudo será esclarecido, contudo, acredito que seja melhor que conversemos sobre isso no hospital.

Mesmo preocupado, Pedro tentou se manter em equilíbrio e comunicou a Ezequiel, Antunes e Cristóvão sobre a necessidade de se ausentar. Acompanhado por Sílvia, ele seguiu para o hospital, onde foi recepcionado pelo Mentor de seu pai.

- Bom dia, Julião! - cumprimentou Pedro com certo nervosismo. - Sílvia me disse que vocês receberam autorização para que meu pai inicie um novo tratamento.

- Bom dia, Pedro! Eu pedi que Sílvia o chamasse, pois, sua presença será de suma importância no planejamento dessa nova fase. Venha, já estão nos esperando na sala de reunião.

Acompanhado por Julião e Sílvia, Pedro seguiu até uma das salas de reunião que ficava no prédio anexo ao hospital. Adentrando a sala, ele observou mais seis Irmãos Espirituais sentados ao redor de uma grande mesa redonda que ficava no centro do cômodo. Surpreso, ele reconheceu os Mentores de sua irmã Vilma e de seu cunhado Jânio, mas preferiu não tecer comentários e se manteve em silêncio.

Após uma linda oração feita por Sílvia, Julião iniciou a reunião:

- Primeiramente, quero agradecer a presença de todos. Sei que fomos surpreendidos com a notícia, mas não posso esconder o quanto estou feliz por Joaquim ter recebido essa nova chance.

Percebendo o quanto Pedro estava confuso com tudo o que ouvia, ele deu uma breve pausa e continuou:

- Antes de lidarmos com os detalhes, temos que esclarecer a Pedro sobre o que está acontecendo, pois acredito que ele não esteja compreendendo muito bem qual seria o novo auxílio a ser dado a Joaquim - comentou sorrindo o Mentor, voltando o seu olhar para Pedro. - Em virtude da dificuldade de seu pai em se reequilibrar mental e emocionalmente, recebemos a autorização para prepará-lo para reencarnar, o que deve acontecer muito em breve.

- Uma reencarnação compulsória?

- Sim. Como já sabe, a situação de seu pai é delicada e ele não está em condições de fazer essa escolha por conta própria, uma vez que se refugiou dentro da própria mente. Como resultado das torturas que passou e de toda a culpa, rancor e ódio que alimentou por anos, ele não está em suas plenas capacidades mentais e emocionais. Tentamos diversos tipos de terapia e intervenções, mas acreditamos que, apenas o contato com a matéria, poderá trazê-lo de volta à consciência. Além disso, estamos entrando na segunda fase de transição da Terra[35] para o estágio de regeneração e queremos que ele tenha a possibilidade de se mostrar capaz de permanecer aqui conosco.

- Isso quer dizer que, caso não mude agora, ele pode ser encaminhado para outro planeta?

- Como já tem conhecimento, todos, sem exceção, têm a oportunidade de crescer moralmente, mas nem todos estão em sintonia com os irmãos ao seu redor, o que dificulta tal processo. Isso não significa que, caso não mude, seu pai seria transferido

35 Segundo Ismael (Mentor Espiritual do Brasil), a primeira fase de transição planetária de provas e expiações para regeneração (1857-1957) foi marcado pelo advento do Consolador, o qual esclareceu e propagou os ensinamentos cristãos por meio do Espiritismo, efetuando os grandes movimentos preparatórios para a fase seguinte, período de grande turbulência que servirá como caminho de purificação espiritual necessário para alcançar uma maior estabilidade moral (Francisco Xavier: Brasil Coração do Mundo, Pátria do Evangelho).

imediatamente, pois ainda temos tempo para que a transição planetária se efetive, contudo, ele precisa iniciar o processo de mudança para que esteja minimamente preparado para permanecer aqui quando isso acontecer. Entretanto, compreenda que a migração de nossos irmãos para outros planetas não é uma forma de punição, e sim de misericórdia Divina, já que, estando em um ambiente com o qual possam estar em sintonia, eles não se desgastarão com a diferença vibracional e, ao mesmo tempo, terão a oportunidade de auxiliar na evolução daqueles que encontrarem em seu novo lar.

- Perdoem-me se não pareço alegre com a situação, porque, na verdade, estou. Apenas fui pego de surpresa com tudo isso.

- Não se preocupe. Apesar de já termos sugerido a reencarnação de seu pai há algum tempo, também não esperávamos que fosse acontecer agora.

- Então por que a pressa?

- A esferas superiores não agem às pressas, apenas aproveitam momentos oportunos para ampliar as possibilidades de crescimento.

Olhando para os Mentores de Vilma e Jânio, Pedro compreendeu do que se tratava e, sorrindo, questionou:

- Vilma dará à luz ao meu pai?

- Sim. Ambos já foram consultados em emancipação e, embora tenham se mostrado reticentes no início, acabaram concordando. Sua irmã já tem trinta e sete anos e, embora tenha tentado engravidar várias vezes, ainda não havia tido sucesso. A demora para engravidar não foi programada, mas o ressentimento que Vilma e Jânio ainda alimentavam um pelo outro fez com que tivessem medo de se comprometer com a vinda de uma criança. Além disso, a criança programada para nascer como filha deles era alguém que trazia muitas lembranças dolorosas.

- Então, meu pai substituirá essa criança?

- Não, seu pai irá junto com ela. Sua irmã engravidará de gêmeos. Aproveitando o ensejo, quero lhe apresentar a companheira de viagem de seu pai - declarou com alegria, ao mesmo tempo em que acenava para a bela jovem que também estava sentada à mesa, pedindo a ela que se levantasse.

- Pedro, essa é Lourdes e ela será a irmã de seu pai nessa próxima reencarnação.

Com cordialidade, Pedro se levantou e, sorrindo para a jovem, disse:

- Fico feliz em conhecê-la. Sei que estou fazendo muitas perguntas, mas, se não for incômodo, eu poderia saber por que sua presença traz lembranças dolorosas à minha irmã?

Com delicadeza, a jovem ajeitou seus longos cabelos atrás das orelhas e, sorrindo, respondeu:

- Sílvia me disse que você já recebeu informações sobre a vida passada de sua irmã. Então, deve saber que, como Candinha, ela, infelizmente tirou a vida da primeira noiva de seu amado, o qual atualmente atende por Jânio. Bom, eu sou a noiva!

Imediatamente, Pedro se lembrou da história que Candinha havia confessado a ele quando estava encarnado como Clarice e, surpreso, indagou:

- E você está bem com tudo isso?

- No início, quando recebi a proposta para essa reencarnação, confesso que fiquei amedrontada, todavia, após ter a possibilidade de presenciar a vida de sua irmã e ver o quanto se dedica de coração à família e aos diversos trabalhos de caridade junto à igreja, percebi que ela realmente é uma pessoa maravilhosa. Por isso, embora tenha cometido um grande equívoco no passado devido a um rompante de ciúme e raiva, isso não a define. Quero muito perdoá-la pelo que fez e acho que essa reencarnação me possibilitará isso.

Dando continuidade à reunião, Julião explicou que, novamente, seria o Mentor de Joaquim, mas que a situação em que ele reencarnaria seria bem diferente da vida anterior. Em virtude de suas atuais condições físicas e mentais, Joaquim reencarnaria com sérios problemas de saúde. Segundo o Mentor, a análise genética de Vilma e Jânio mostrou a possibilidade de trazerem ao mundo uma criança portando uma doença rara que ainda era pouco conhecida pela medicina material. Tal condição causaria a perda progressiva das funções neurológicas e motoras após os primeiros meses de vida[36], possibilitando que ele fosse cuidado e amado por sua família e, ao mesmo tempo, pudesse experienciar o preconceito daqueles que, assim como ele, ainda não aprenderam a respeitar e amar ao próximo além das aparências. Dessa forma, ele teria mais uma oportunidade de aprender e ensinar a importância do amor e da tolerância.

Ao fim da reunião, Lourdes foi levada por seu Mentor para dar início aos preparativos do processo de reencarne, enquanto os Mentores de Vilma e Jânio voltaram para junto de seus pupilos, e os demais foram visitar Joaquim que permanecia sob a proteção do sono reparador. Acariciando o rosto do pai, Pedro olhou para Julião e, em lágrimas, disse:

- Nessa minha vida atual, lidei tantas vezes com o desencarne que aprendi a não sentir mais medo ou angústia. Nunca imaginei que ficaria triste porque alguém que amo está prestes a nascer de novo.

- O distanciamento sempre nos traz uma certa tristeza, mas o importante é saber que essa será uma oportunidade extremamente valiosa para o seu pai. E que suas orações sempre o auxiliarão.

Após mais alguns minutos, Pedro e Sílvia se despediram de Julião e saíram do quarto. Do lado de fora do cômodo eles se abraçaram com muito carinho e, mais uma vez, Pedro agradeceu a Deus por Sua bondade e misericórdia.

* * *

36 A doença descrita por Julião é atualmente conhecida como Síndrome de Rett. Os sintomas da doença foram observados e descritos pela primeira vez em 1954, porém, o primeiro estudo amplamente divulgado sobre a síndrome foi publicado apenas em 1983 e suas causas genéticas só começaram a ser compreendidas a partir de 1999.

EMBORA DEDICASSE OS seus dias ao trabalho de auxílio ao Hospital Colônia, Pedro acompanhou toda a gestação dos gêmeos. Constantemente atualizado das novidades por Julião, ele orava diariamente para que seu pai pudesse aproveitar essa oportunidade para deixar que a luz do amor voltasse a iluminar o seu caminho. Com muita alegria, ele pôde estar presente no dia em que sua irmã e o marido descobriram a gravidez e chorou junto com eles. Em virtude dos sérios problemas de saúde que Joaquim traria em sua nova reencarnação, Pedro sabia que a vida daquela família não seria fácil, mas tinha fé que, juntos, eles superariam todas as dificuldades.

Como Jânio era filho e neto único, não haviam crianças na família e todos esperavam ansiosamente pela chegada do mais jovem herdeiro. Mesmo que não soubessem que se tratava de uma gravidez de gêmeos, o fato de Vilma não ser tão jovem e a grande expectativa pela chegada do herdeiro, fez com que toda a família redobrasse os cuidados para com a futura mãe, tornando-a quase uma prisioneira em sua própria casa. No início, Vilma não lidou muito bem com todos aqueles cuidados e se irritou com o marido por ser impedida de visitar sua mãe.

Em uma determinada tarde, Vilma, agora com seis meses de gestação, estava na varanda tricotando algumas roupinhas de bebê quando observou que o carro do marido se aproximava. Surpresa, ela não conteve a alegria ao ver sua mãe descendo do carro e, com muito cuidado, desceu as escadas e abraçou Júnia com muito carinho.

- A benção, minha mãe - disse Vilma com os olhos marejados. - Não vejo a senhora há três meses, mas sinto que se passaram anos. Sei que Bernardo não pode se ausentar da fazenda com frequência e, para a senhora, é complicado ficar se deslocando para tão longe. Queria ter ido visitá-la, mas todos têm medo de que algo me aconteça.

- Não se preocupe, minha querida - comentou Júnia acariciando o rosto da filha. - Jânio conversou conosco e explicou toda a situação. Ele não quer que você fique triste e pediu que eu ficasse com vocês até meu neto nascer.

Com carinho, Vilma fitou o rosto do marido, que, por sua vez, sorriu para a esposa com muito amor.

Após se acomodar em um dos quartos de hóspedes, Júnia jantou com toda a família, observando em silêncio o extremo cuidado que todos tinham com Vilma, algumas vezes beirando ao exagero. Após o jantar, ela foi até a varanda, onde a filha terminava de tricotar um par de sapatinhos e, sentando-se ao seu lado, disse com carinho:

- Não se aborreça com os cuidados que eles dispensam a vocês, isso só mostra o quanto se preocupam.

- Eu compreendo que estejam ansiosos pela chegada de meu filho, porém me sinto incomodada por me tratarem como um vaso de cristal prestes a se quebrar - explicou Vilma entristecida.

- Todos querem o seu bem, principalmente o Jânio - afirmou acariciando o rosto da filha. - Há muito tempo eu percebo a tensão que existe entre vocês, mas tinha esperança de que as coisas fossem mudar com a gravidez.

- Amo muito o meu marido, mas não sei por que não consigo expressar para ele o que sinto.

- Já parou para pensar que ele também pode se sentir assim? Vocês já conversaram a respeito?

- Sinceramente, não - respondeu Vilma pouco antes de sentir um grande desconforto em sua barriga. - Meu Deus! Como essa criança se mexe! Às vezes ela se estica para todos os lados, parecendo que me partirá ao meio.

Repousando as duas mãos sobre a barriga da filha, Júnia sorriu e, após alguns segundos, falou:

- Minha querida, quando cheguei, percebi que sua barriga está muito grande para uma gestação de seis meses, mas agora, ao senti-la, não tenho mais dúvidas. Acredito que esteja esperando gêmeos.

- Será? - questionou surpresa com a constatação da mãe.

- Esqueceu-se de que carreguei você e Pedro em meu ventre por meses?! Confie em mim, eu sei o que estou dizendo.

Tomada por uma grande alegria, Vilma olhou para a porta e viu seu marido que, em silêncio, ouvia a conversa entre as duas. Emocionado ao ouvir a sogra dizendo que seria pai de gêmeos, ele deixou que algumas lágrimas escorressem por seu rosto, o que comoveu Vilma. Deixando de lado todo o medo que sentia de se entregar àquela relação, ela se levantou e o abraçou com muito amor.

22 A luz de uma nova vida

COM POUCO MENOS de oito meses de gestação, Vilma entrou em trabalho de parto e, com ajuda da mãe e da sogra, deu à luz a duas meninas bivitelinas[37]. Acompanhados de perto pela Equipe Espiritual, inclusive por Pedro, o parto ocorreu sem maiores complicações.

Com as filhas no colo, Vilma fechou os olhos e pensou: "Meu irmão, eu sinto que está aqui ao meu lado e agradeço por tudo que tem feito por nós. Eu o amo muito". Em lágrimas, Pedro estendeu a mão sobre a irmã e as crianças recém-nascidas, emanando um facho de luz azulada que envolvia os três em uma sensação de tranquilidade e paz.

Nomeadas, respectivamente, como Maria e Marcela, Joaquim e Lourdes foram recebidos com muito carinho pela família e

37 Gêmeos bivitelinos, também chamados de fraternos ou dizigóticos, são formados a partir de óvulos e espermatozoides distintos, o que implica em materiais genéticos também distintos. Assim, os bivitelinos não são gêmeos idênticos.

tudo parecia estar em perfeita harmonia. Embora um pouco menor que a irmã, Maria parecia saudável e ninguém desconfiou de que havia algo de errado com sua saúde.

Preocupado com o futuro daquela família, Pedro colocou a mão sobre o ombro de Julião e questionou:

- Quanto tempo até eles perceberem o quanto Maria será física e mentalmente debilitada?

- Crianças portadoras dessa doença geralmente têm um desenvolvimento inicial normal, apresentando os primeiros sintomas após o sexto até o décimo oitavo mês. Como ainda é pouco conhecida pela ciência, dificilmente os médicos saberão como tratá-la de forma adequada e isso exigirá de sua irmã e da família muita paciência, fé e amor.

Cerca de uma semana após o nascimento das crianças, Bernardo chegou à fazenda de Jânio para visitar as novas integrantes da família e não conseguiu conter as lágrimas ao pegar a pequena Maria no colo. Ele não sabia explicar o motivo de sua reação, mas sentiu um intenso amor por aquela criança como se ela já fizesse parte de sua vida.

* * *

COMO EXPLICADO POR Julião, nos primeiros meses de vida das crianças, tudo transcorreu sem sobressaltos. Como as meninas eram tranquilas, deram pouco trabalho aos pais de "primeira viagem" e a relação entre Jânio e Vilma parecia cada vez mais sólida, mas esse amor seria colocado à prova mais rápido do que eles imaginavam.

Um ano e meio após o nascimento das meninas, Júnia e Bernardo decidiram visitar as netas e, com muita alegria, foram recebidos pela família. Alertado por Julião sobre o que estava prestes a acontecer, Pedro foi autorizado a se afastar por alguns dias do trabalho junto aos internos do Hospital Colônia e foi até a fazenda de Jânio.

Durante a manhã seguinte à sua chegada à fazenda, Júnia estava ao lado da filha observando as netas brincando no jardim, enquanto os Mentores das quatro as envolviam com energias de tranquilidade e paz.

- Bom dia! - Pedro cumprimentou os Mentores. - Estou aqui para auxiliar no que precisarem.

- Bom dia! - responderam os quatro em um uníssono alegre.

Após abraçar Pedro com carinho, Cláudio, Mentor de Vilma, falou de forma serena:

- Embora não se lembrem, todos da família já foram avisados durante a emancipação sobre a condição de saúde da pequena Maria, contudo, acredito que necessitarão de todo apoio possível. Como você e Vilma têm uma ligação muito forte, talvez seja melhor que você a guie nesse momento.

- Agradeço a confiança e prometo que farei o meu melhor. O que devo fazer?

- Ajude-a a enxergar os sinais da doença em Maria. Quanto antes eles descobrirem, mais rápido aprenderão a lidar com situação.

Enquanto os Mentores voltaram a emanar energias reconfortantes às quatro encarnadas, Pedro se sentou entre a mãe e a irmã e, segurando em suas mãos, começou a intuí-las a olhar as meninas com mais atenção, levando à Vilma pensamentos que a fizeram constatar algumas mudanças no comportamento de Maria.

- Mãe, estou preocupada com Maria. Só agora me dei conta de que já faz algum tempo que ela tem agido de forma estranha. Ela não tem mais me chamado de mamãe e parece ter esquecido as poucas palavras que aprendeu. Além disso, ao contrário da irmã, ela tem muita dificuldade em andar.

Preocupada, Júnia olhou para as netas e percebeu que, ao contrário da irmã, Maria não interagia com seus brinquedos e, com um olhar vago, batia as mãozinhas de forma repetitiva e compulsiva.

- Acalme-se minha filha, talvez seja apenas uma fase - disse Júnia tentando esconder sua apreensão.

Na manhã seguinte, Bernardo voltou para a fazenda, deixando a esposa com a filha e as netas por mais alguns dias. Sempre amparadas por Pedro e seus Mentores, Júnia e Vilma observavam atentamente o comportamento de Maria e, preocupadas, decidiram que era a hora de conversar com Jânio. Com calma e cautela, elas explicaram a ele o que tinham observado, mas, em negação, ele disse que elas estavam vendo coisas e que não havia nada de errado com a filha. Intuída pelo irmão, Vilma não insistiu com o marido, mas passou a ter cuidados redobrados com a pequena Maria.

Cerca de duas semanas depois, Pedro retornou para o Hospital Colônia, mas pediu aos Mentores que o chamassem caso precisassem. Pedro sabia que as coisas ficariam mais turbulentas dali em diante, mas tinha fé de que tudo serviria de aprendizado para todos, inclusive, para ele mesmo.

* * *

O TEMÍVEL INVERNO havia chegado novamente ao Hospital Colônia de Barbacena e toda a Equipe Espiritual trabalhava intensamente para ajudar os encarnados e desencarnados. Tentando auxiliar no reequilíbrio emocional de uma paciente, Pedro e o Mentor da encarnada oravam com muito fervor, levando a ela pensamentos que pudessem fazê-la enxergar a necessidade da resiliência diante daquilo que não poderia ser mudado. Revoltada com as condições em que vivia, a mulher não deu atenção aos apelos dos Trabalhadores Espirituais e começou a alimentar o ódio e a raiva por todos que a haviam colocado naquele lugar, inclusive pelos funcionários do hospital que pareciam não se importar com o frio e a fome que os pacientes sentiam. Assim, aos poucos, ela afastou Pedro e o Mentor, atraindo para si vários Irmãos Espirituais que esperavam ansiosamente para influenciá-la. Entristecido com a situação, Pedro respirou fundo e disse:

- Já estou há quatro anos nesse trabalho e ainda tenho dificuldade em lidar com tudo isso. Queria tanto ajudá-los de forma mais efetiva!

- Temos que ter paciência e fé. Não podemos forçar nossos irmãos a receber o nosso auxílio. Se fora desses muros já é muito difícil para os encarnados não se renderem aos sentimentos negativos, imagine aqui dentro, onde sofrem todos os tipos de privação.

- Certa vez, minha Mentora disse que chegará um momento em que muitos se voltarão contra instituições como esta, e que pacientes como estes que vemos hoje, finalmente, receberão um tratamento mais humano. A questão é: quando isso acontecerá? Já se passaram quase setenta anos desde a sua criação e o hospital está cada vez mais lotado e o tratamento aos pacientes parece estar cada vez mais desumano.

- Eu compreendo a sua frustração, entretanto, quero que pense nos irmãos que passaram por aqui. Quantos tiveram aqui a oportunidade de se restabelecerem moralmente, deixando para trás as feridas do passado e aprendendo a valorizar a vida e o respeito ao próximo.

Refletindo sobre o que acabara de ouvir, Pedro se lembrou da história de vida de muitos que já haviam sido internos do Colônia, incluindo João e ele mesmo. Envergonhado, ele percebeu que, apesar da crueldade com que foi tratado ali, o Colônia o havia ajudado a crescer e que, portanto, deveria estar grato por tudo o que viveu.

- "Ai do mundo por causa dos escândalos, pois é necessário que venham escândalos. Mas, ai do homem por quem o escândalo venha"[38] - concluiu Pedro sorrindo.

- Exato! - exclamou o Trabalhador Espiritual com serenidade. - Obviamente, todos aqueles que são responsáveis pela forma como os internos são tratados terão que lidar com as con-

38 Mateus 18:7

sequências de suas escolhas, contudo, não podemos nos deixar abater pelas dificuldades. Lembra-se qual era o pensamento que estávamos tentando levar à nossa amiga antes dela nos afastar?

- Resiliência! - respondeu rindo de si mesmo ao perceber que estava tendo dificuldade em ser resiliente diante da situação que vivenciava.

Feliz com o alerta que recebeu do amigo, Pedro o abraçou com carinho e agradeceu. Após se despedir do trabalhador, ele se direcionou de volta para o pavilhão onde Ezequiel e Cristóvão estavam, e foi recepcionado pelo Mentor de Maria.

- Julião, que bom vê-lo! O que o traz aqui? Aconteceu algo com a minha família?

- Também me alegro em revê-lo. Todavia, temo que as notícias não sejam agradáveis. Houve alguns revezes na casa de sua irmã, mas espero que sua presença possa nos ajudar.

Preocupado, Pedro procurou Cristóvão e Ezequiel para informá-los da necessidade de se afastar novamente da assistência no Hospital Colônia e, após receber o apoio dos amigos, seguiu para a fazenda em companhia de Julião.

Chegando à fazenda, Pedro sentiu uma extrema desarmonia no ambiente e, entristecido, observou a presença de inúmeros desencarnados em desequilíbrio ao redor daquele lar.

- Há quanto tempo esses Espíritos estão aqui? - questionou Pedro preocupado.

- Já faz alguns dias. As discussões entre os integrantes da família têm se tornado cada vez mais intensas e isso atrai irmãos em desequilíbrio. A presença das crianças e as orações de sua irmã têm mantido o lugar protegido, contudo, se continuarem dessa forma, será impossível impedi-los de entrar.

Ainda da varanda era possível ouvir os gritos e sentir uma intensa negatividade emanando daquele lar. Em oração, Pedro e Julião adentraram a casa e, juntando-se à Equipe Espiritual que atuava no local, tentaram, ao máximo, auxiliar na harmonização da família.

- Eu já disse que não vou mandar Maria para uma instituição - gritou Jânio impaciente. - Os senhores ouviram o que o médico disse, ela pode ser cuidada em casa.

- Isso é culpa de sua esposa - respondeu a mãe de Jânio inconformada. - Se tivesse engravidado enquanto ainda era jovem, isso não teria acontecido. Vocês têm sorte de Marcela não ter nascido defeituosa como a irmã.

- Minha filha não é defeituosa! - gritou Vilma irritada.

- Como não?! - interveio o pai de Jânio. - Ela parece totalmente alienada, não fala e, mesmo com ajuda, mal consegue andar.

Envolvendo a irmã em um abraço, Pedro pôde levar a ela um pouco de calma, o que fez com que ela deixasse a sala e se direcionasse para o quarto das crianças. Em lágrimas, ela observou Marcela acariciando o rosto da irmãzinha deitada na cama e começou uma oração: "Pai Amado, dai-me forças para lidar com essa provação. Sei que o Senhor sempre está ao meu lado, mas tenho medo do que possam fazer com a minha pequenina. Pedro, meu irmão, sei que tem me ajudado e agradeço muito por seu amor".

Interrompendo as orações de Vilma, Jânio adentrou o quarto e, após trancar a porta, caiu de joelhos.

- Meu Deus! O que fizemos de tão errado? Por que nos pune dessa forma? - perguntou inconformado.

- Deus não está nos punindo - afirmou Vilma em lágrimas.

- Então, por que Maria não nasceu saudável como a irmã?

- Existem coisas que ainda não conseguimos compreender, mas tenho certeza de que tudo isso tem o propósito de nos ajudar a sermos pessoas melhores.

Ao ouvir os pais, Maria começou a resmungar e se debater na cama, sendo prontamente acalentada pela irmãzinha que lhe deu um beijo na testa e a abraçou. Ao observar aquela linda cena, Jânio e Vilma não conseguiram conter as lágrimas e, aproximando-se das filhas, as abraçaram com muito amor. Envolvida pelo carinho da irmã e dos pais, Maria se acalmou e os quatro foram envolvidos por uma intensa luz emanada por Pedro e os Mentores da família.

- Vilma, você ainda ficaria ao meu lado se eu fosse pobre? - Jânio questionou envergonhado.

- Claro que sim! - exclamou sorrindo. - Não estou com você pelo dinheiro. Apesar de nosso casamento ter sido arranjado por nossos pais, eu o amo muito.

- Eu conheço os meus pais e sei que eles não nos deixarão em paz. Eles acreditam que Maria seja um fardo e têm vergonha que os amigos descubram que ela é especial. Você acha que Bernardo e sua mãe nos aceitariam?

- Eu não acho, tenho certeza!

- Eu juro que não serei um peso morto. Embora eu não tenha tido oportunidade para ganhar experiência como advogado, posso ajudar Bernardo com a contabilidade da fazenda.

Discretamente, Jânio e Vilma fizeram as malas e, assim que a noite caiu e os pais de Jânio adormeceram, entraram no carro e seguiram com as crianças para a fazenda de Bernardo.

Após algumas horas de viagem, eles chegaram à fazenda ainda de madrugada. Assustados ao ouvir o barulho do carro em meio ao silêncio da noite, Júnia e Bernardo acordaram e foram até a varanda, onde receberam a família com muito carinho. Após levar as crianças para o quarto, Júnia preparou o café da manhã e os quatro puderam conversar com calma. Vilma e Jânio contaram sobre os acontecimentos e foram acalentados por Bernardo e Júnia.

- Nós ficaremos muito felizes em tê-los conosco - declarou Bernardo de forma amável. - Vocês têm toda razão em se recusarem a internar nossa pequena Maria. Aqui ela terá todo o amor e carinho para crescer em paz e harmonia.

- Não sabe o quanto ouvir isso me acalma - confessou Jânio com os olhos marejados.

- Deus sabe o que faz - afirmou Júnia abraçando a filha. - Sei que Maria e Marcela vieram ao mundo para trazer luz às nossas vidas e, dessa forma, impedir que o ódio e o preconceito nos ceguem.

Emocionada, Júnia fechou os olhos e pensou: "Meu filho, espero que sua irmã esteja certa e que você esteja ao nosso lado, pois só falta você para que a minha vida esteja completa".

Tomado por uma extrema alegria, Pedro abraçou a mãe e a irmã com muito carinho e, em lágrimas, iniciou uma oração:

"Pai, sei que os caminhos podem ser tortuosos e obscuros, mas o amor que o Senhor tem por nós é maior que toda e qualquer dificuldade. Sei que ainda temos muito a aprender e que muitos obstáculos surgirão em nossa caminhada, mas a fé que temos em Sua bondade e justiça é a luz que ilumina nossos passos. Que possamos nos despir do orgulho e da vaidade, desconstruindo nossos preconceitos ao trabalhar o perdão e o respeito por aqueles que conosco caminham, porque, só assim, compreenderemos que somos irmãos e que, juntos, seremos capazes de construir a verdadeira felicidade em nossas vidas."

Epílogo
Unindo forças iluminamos o mundo

CADA VEZ MAIS envolvido no trabalho de auxílio no Hospital Colônia de Barbacena, Pedro aprendeu a lidar com suas emoções, tornando-se uma referência para muitos trabalhadores que ingressavam nas Equipes Espirituais do Colônia. Em seus poucos momentos de folga, ele fazia questão de estar junto a sua família material, a qual enfrentava os percalços da vida com muito amor e carinho.

Felizes, Júnia e Bernardo se dedicaram de corpo e alma à criação das netas, permanecendo ao lado delas até desencarnarem. Bernardo desencarnou devido a problemas cardíacos e Júnia, um ano depois, em virtude de uma grave infecção. Ambos recebidos no Plano Espiritual com muito carinho por Pedro e vários outros amigos.

Com a morte dos sogros, Jânio, que ainda mantinha distância de seus pais, passou a administrar a fazenda, enquanto Vilma se dedicava exclusivamente à criação de Maria e Marcela. Felizmente, o passado entre Vilma e Marcela em nada interferiu na relação entre as duas na atual vida material e Marcela sempre se manteve ao lado da mãe, auxiliando-a com muito amor nos cuidados com a irmã.

Maria viveu até os treze anos, quando, finalmente, retornou ao Plano Espiritual. Embora a doença que portava se caracterize por severos comprometimentos físicos e mentais fazendo com que ela permanecesse a maior parte de sua vida material acamada e sem conseguir se comunicar verbalmente com a família, o amor que ela pôde receber e doar foi crucial para o crescimento de todos. De volta ao Plano Espiritual, ela foi recebida com muito carinho por Pedro, Bernardo e Júnia, os quais estiveram ao seu lado durante todo o período de restabelecimento e readaptação. A jornada de crescimento moral de Maria/Joaquim ainda seria longa, contudo, agora existem expectativas mais concretas de sua permanência na Terra.

Embora o desencarne de Maria tenha trazido grande tristeza para os pais e a irmã, a fé em Deus fortaleceu a família que acreditava fielmente que sua florzinha, como costumavam chamá-la, seria recebida de braços abertos pelos avós e tio. Vilma e Marcela ficaram ainda mais próximas com a partida de Maria e ambas nutriam um grande amor por Jânio, o qual se mostrou um pai e marido amoroso e fiel.

* * *

COM O PASSAR dos anos, o trabalho de auxílio no Hospital Colônia de Barbacena tornou-se cada vez mais intenso, pois, além do quantitativo de pacientes ter alcançado números assustadores, os tratamentos tornaram-se mais agressivos. Dopados pelos comprimidos rosa e azul[39], como eram apelidados pelos internos

39 Com o objetivo de "acalmar" os pacientes, os enfermeiros eram instruídos a obrigá-los a tomar Amplictil (comprimido rosa) e Diazepam (comprimido azul) de forma indiscriminada e irresponsável. Esses medicamentos

e funcionários do Colônia, e submetidos a sessões de eletrochoques, os pacientes mantinham-se cada vez mais alheios à realidade, sendo que, alguns deles, chegaram a passar por cirurgias de lobotomia[40]. Além disso, na década de 70, a instituição passou a abrigar crianças[41], as quais eram tratadas em condições tão precárias quanto os adultos. Fora os maus tratos e negligência, o contato direto com os internos adultos deixava as crianças expostas a violência física e sexual. Em acréscimo a todas as atrocidades feitas aos internos encarnados, os corpos dos desencarnados também passaram a ser usados pelo Colônia, os quais eram vendidos (inteiros ou em partes) a várias faculdades de medicina, sem qualquer tipo de comunicação ou autorização das famílias.

Totalmente voltados ao auxílio, a Equipe Espiritual continuou a se dedicar dia e noite para que internos e funcionários pudessem enxergar as situações vividas dentro do Colônia como oportunidades de aprendizado e, dessa forma, pudessem lapidar suas principais desvirtudes.

Com muita serenidade e paciência, Pedro e Ezequiel puderam presenciar as mudanças que, aos poucos, foram se fazendo presentes na situação do Colônia. Um dos primeiros passos dados ocorreu no início da década de 60, quando, pela primeira

---

são, respectivamente, de ação sedativa e ansiolítica, sendo que o Diazepam pode causar dependência e tem graves efeitos colaterais (ARBEX, Daniela. Holocausto brasileiro ed. 1. São Paulo: Geração Editorial, 2013) (GODOY, Ana Boff de. Arquivos de Barbacena, a Cidade dos Loucos: o manicômio como lugar de aprisionamento e apagamento de sujeitos e suas memórias. Revista Investigações, vol. 27, nº 02, 2014).

40 A lobotomia ou leucotomia é uma intervenção cirúrgica no cérebro em que são seccionadas as vias que ligam os lobos frontais ao tálamo e outras vias frontais associadas, causando alterações drásticas na personalidade dos pacientes, como a apatia extrema, além de sequelas irreversíveis e a morte.

41 Os meninos e meninas de Oliveira, como ficaram conhecidos, foram transferidos do Hospital de Neuropsiquiatria Infantil, localizado no município de Oliveira, no oeste do Estado, o qual havia sido fechado por não possuir condições físicas adequadas para manter os pacientes (ARBEX, Daniela. Holocausto brasileiro ed. 1. São Paulo: Geração Editorial, 2013).

vez, um jornalista teve acesso às instalações do Colônia. Na ocasião, a Espiritualidade tentou auxiliar, ao máximo, para que as fotografias e relatos publicados criassem uma comoção pública que pudesse levar as autoridades políticas a intervir na instituição, mas, infelizmente, pouco foi feito. Com o transcorrer dos anos, algumas denúncias por parte de psiquiatras foram feitas, todavia, foi apenas no final da década de 70 que elas ganharam notoriedade, principalmente, devido à intervenção de um renomado psiquiatra italiano, o que causou repercussão internacional. Tomados pela esperança e amparados em sua fé, os Trabalhadores Espirituais viram mais um novo caminho se abrir e não mediram esforços para ampliar seu trabalho junto às esferas médicas e políticas do local.

Com muita alegria, a Espiritualidade presenciou a luta que muitos médicos e jornalistas travaram contra a forma como as instituições psiquiátricas tratavam seus pacientes. Várias reportagens e até mesmo um documentário[42] levaram ao público as atrocidades cometidas no Hospital Psiquiátrico de Barbacena (Hospital Colônia), o que ampliou a comoção sobre o assunto e estimulou ainda mais a luta por uma reforma psiquiátrica no Brasil.

Ainda no início da década de 80, as crianças foram transferidas do Colônia, criaram-se critérios mais adequados para a internação dos pacientes e o infame "trem de doido" foi, finalmente, desativado. Com o passar dos anos, toda a estrutura física do hospital foi totalmente reestruturada e o atendimento tornou-se mais humanizado, visando à reintegração dos pacientes ao convívio social.

Ao assistir as transferências dos primeiros pacientes para as casas de acolhimento (atualmente chamadas de residências terapêuticas[43]), Pedro não conseguiu conter as lágrimas e foi abraça-

---

42 Documentário em curta-metragem intitulado "Em Nome da Razão" (Filmado em 1979 com a direção de Helvécio Ratton).

43 As Residências terapêuticas são casas mantidas pelo governo, para as quais foram transferidos os pacientes que não precisavam de cuidados mais intensivos, estes últimos foram levados para hospitais especializados.

do por Ezequiel e Marcelo. Este último havia desencarnado há alguns anos e não demorou para se juntar à equipe de auxílio.

- Nós conseguimos! - exclamou Marcelo com alegria.

- Eu sei que as Equipes Espirituais foram de extrema importância para que a mudança ocorresse - declarou Pedro enxugando as lágrimas -, mas não podemos deixar de valorizar a atuação dos encarnados. Ver o resultado da luta travada por esses médicos e jornalistas para conseguirem acabar com as atrocidades do Colônia fortalece a minha fé na bondade humana.

Olhando com muito carinho e satisfação para a reação dos pacientes ao se darem conta de que agora teriam um lar de verdade, Pedro continuou:

- Ainda há muito trabalho pela frente. O preconceito e a ignorância moral ainda permanecerão por muito tempo entre nós e não podemos esquecer tudo o que aconteceu aqui.

Comovido pela maturidade de seu amigo, Ezequiel sorriu e, carinhosamente, disse:

- Concordo com você, meu amigo. Ainda precisamos aprender a lidar com as diferenças e a trabalhar o respeito e o amor ao próximo. Mas não se preocupe, pois assim como hoje você pôde ver a beleza da bondade humana na ação desses médicos e jornalistas, muitos ainda virão e terão a oportunidade de contar essa e tantas outras histórias, relembrando a todos que os equívocos do passado são alertas sobre a necessidade de não nos omitirmos diante da injustiça e da intolerância. Esses foram apenas alguns passos que demos rumo à nossa evolução enquanto irmãos e Espíritos. Com fé e amor, muitos ainda poderão fazer com que a luz nasça em meio à escuridão.

FIM

"O descaso diante da realidade nos transforma em prisioneiros dela. Ao ignorá-la, nos tornamos cúmplices dos crimes que se repetem diariamente diante de nossos olhos. Enquanto o silêncio acobertar a indiferença, a sociedade continuará avançando em direção ao passado de barbárie. É tempo de escrever uma nova história e de mudar o final."

(Daniela Arbex[44]).

44 Atualmente, os trágicos acontecimentos que ocorreram no Hospital Colônia de Barbacena ainda são desconhecidos por muitos. Entretanto, com empenho e dedicação, a jornalista Daniela Arbex trouxe luz à história do Colônia no livro "O Holocausto Brasileiro", permitindo que todos possam perceber a sua responsabilidade diante daquilo que acontece ao seu redor. (Arbex, Daniela, 1973. Holocausto brasileiro ed. 1. São Paulo, Geração. Editorial, 2013)

DA MESMA AUTORA

PARA SEMPRE IRMÃOS

Geane Oliveira Lanes
pelo Espírito Agnel
Romance • 14x21 cm • 264 pp

Rebelde e inconformado com a perda do pai, Marcos abraça uma vida desregrada e inconsequente, e, suas atitudes, acabaram ocasionando a morte do seu irmão Mateus, visto por todos como um santo rapaz. Mas aqueles que realmente conheciam os irmãos sabiam que essa história não era totalmente verdade e que as aparências podem, em muito, iludir.

ISBN: 978-65-88535-14-1

METAMORFOSE

Geane Oliveira Lanes
pelo Espírito Agnel
Romance • 14x21 cm • 192 pp

Apesar da visível mudança em seu comportamento, Jorge era consumido pela culpa e isso o impediu de aceitar o auxílio que lhe foi oferecido após o seu desencarne. Mesmo se culpando por seus pensamentos e ações, ele sucumbe aos seus desejos e volta a vivenciar seus equívocos do passado, mas agora como um obsessor.

ISBN: 978-659914327-4